Marianne Williamson
Lebensmitte – Zeit für Wunder

Marianne Williamson

Lebensmitte – Zeit für Wunder

Veränderungen zulassen –
dem Leben neu begegnen

Aus dem Englischen von
Maria Zybak

Die amerikanische Originalausgabe dieses Buchs erschien 2008
unter dem Titel »The Age of Miracles« bei Hay House Inc., USA.

Die Folie des Schutzumschlags sowie die Einschweißfolie
sind PE-Folien und biologisch abbaubar.
Dieses Buch wurde auf chlor- und säurefreiem Papier gedruckt.

Besuchen Sie uns im Internet: www.droemer-knaur.de
Alle Titel aus dem Bereich MensSana finden Sie im Internet unter:
www.mens-sana.de

Deutsche Erstausgabe
Copyright © 2008 Marianne Williamson
Copyright © 2010 der deutschsprachigen Ausgabe bei Knaur Verlag.
Ein Unternehmen der Droemerschen Verlagsanstalt
Th. Knaur Nachf. GmbH & Co. KG, München
Alle Rechte vorbehalten. Das Werk darf – auch teilweise –
nur mit Genehmigung des Verlags wiedergegeben werden.
Redaktion: Judith Mark
Umschlaggestaltung: ZERO Werbeagentur, München
Umschlagabbildung: Bednarski Photographics
Satz: Adobe InDesign im Verlag
Druck und Bindung: GGP Media GmbH, Pößneck
Printed in Germany
ISBN 978-3-426-65645-7

2 4 5 3 1

Für meine über alles geliebte Tochter

Inhalt

Einleitung 11

Kapitel 1
Die Lebensmitte – ein Wendepunkt 25

Kapitel 2
Dem Zauber des Lebens vertrauen 35

Kapitel 3
Der richtige Augenblick für Veränderungen 64

Kapitel 4
Was uns leiden lässt – und was uns heilt 82

Kapitel 5
Holen wir uns die Kraft des Weiblichen zurück! .. 106

Kapitel 6
Einander loslassen, einander neu begegnen 128

Kapitel 7
Die Liebe im Leben halten 156

Kapitel 8
Die Welt verwandeln 174

Kapitel 9
Wir sind die Welt 195

Dank 221

Aufs tiefste unvorbereitet treten wir in den Lebensnachmittag, schlimmer noch, wir tun es unter der falschen Voraussetzung unserer bisherigen Wahrheiten und Ideale. Wir können den Nachmittag des Lebens nicht nach demselben Programm leben wie den Morgen, denn was am Morgen viel ist, wird am Abend wenig sein, und was am Morgen wahr ist, wird am Abend unwahr sein.

C. G. Jung, *Die Lebenswende*

Einleitung

Falten. Gedächtnislücken. Sie können sich nicht erinnern, was Sie gestern gemacht haben. Letztens haben Sie Ihre Brille im Kühlschrank wiedergefunden. Die Haut an Ihren Oberschenkeln hat Dellen. Ihr Po ist nicht mehr so fest wie früher. Im Bus stehen Jugendliche auf, um Ihnen einen Platz anzubieten. Früher konnten Sie viel mehr gleichzeitig erledigen. Sie erkennen sich morgens im Spiegel nicht wieder und sind neidisch auf die Jüngeren. Sie können nicht fassen, dass Sie früher Ihre Jugend nicht zu schätzen wussten. Sie fühlen sich unsichtbar. Sie haben nicht die geringste Ahnung von der aktuellen Musikszene. Sie waren mal total auf der Höhe der Zeit, aber jetzt …
Kommt Ihnen die eine oder andere dieser Erfahrungen bekannt vor? Willkommen im Club. Vielleicht können Sie ein paar neue Ideen gut gebrauchen, um die Untiefen in Ihrem Leben zu umschiffen.

Jede neue Erfahrung stellt uns vor eine Entscheidung, und das Älterwerden stellt da keine Ausnahme dar. Wie sich die Lebensphase des Nicht-mehr-jung-Seins bei Ihnen entwickelt – wie Sie sich in der Lebensmitte und darüber hinaus einrichten –, ist eine offene Frage, die nur Sie selbst beantworten können. Wenn Sie sich für den Weg des geringsten Widerstands entscheiden – nicht aus Gelassenheit im taoistischen Sinne, sondern aus reiner Bequemlichkeit –, dann wird die Schwerkraft die Oberhand behalten. Sie werden auf unschöne, freudlose Weise alt werden.

Wenn Sie jedoch den Anspruch haben, dass es Alternativen geben muss, dann öffnen Sie etwas völlig Neuem die Tür. Schon allein die Überlegung, dass es vielleicht einen anderen Weg gibt, schafft Raum für ein Wunder. Sie ebnen sich einen neuen Weg, bilden neue Synapsen in Ihrem Gehirn und sind geistig offen für neue Energien, von denen Sie sonst gar nichts mitbekommen hätten.

Millionen Menschen gelangen irgendwann in einen Raum, den sie lieber gar nicht kennenlernen würden, der sich aber nicht umgehen lässt. Aber wenn wir genau hinsehen, stellen wir fest, dass dieser Raum eigentlich gar nicht so schlecht ist – vielleicht muss er nur ein wenig umgestaltet werden. Dann wird es in vielerlei Hinsicht ein neuer Raum sein.

Natürlich ist die Lebensmitte kein unbekanntes Terrain; neu jedoch ist, dass viele Menschen in dieser Lebensphase nach etwas suchen, das außerhalb der kulturell festgelegten Normen liegt. Nach Werner Erhard, dem Gründer der EST-Seminare, können wir unser Leben entweder aus den gegebenen Umständen oder aus einer Vision heraus leben. Auch in der Lebensmitte können wir eine neue Vision entwickeln, eine neue Art des Dialogs, um über die begrenzten Denkformen hinauszukommen, die seit Generationen die Rahmenbedingungen definieren. Die Umstände sind, wie sie sind, aber wie wir sie erleben, ist nicht festgelegt. Jede Situation wird im Zusammenhang mit dem sie umgebenden Dialog erlebt – dem Dialog in unserem Kopf wie auch dem in unserer Gesellschaft. Und aus einer neuen Art des Sprechens über die Bedeutung der Lebensmitte erwächst neue Hoffnung für alle Betroffenen.

Wenn ich Hoffnung sage, meine ich dann die Hoffnung auf mehr Lebensjahre? Nicht unbedingt. Meine ich Hoffnung auf mehr Freude, mehr Sinn, mehr Leidenschaft, mehr Erkenntnisse? Aber ja, absolut! Beim Älter- und Altwerden geht es nicht nur um mehr, sondern um bessere Jahre. Kürzlich saß ich bei einem Hochzeitsempfang neben einem schon betagten Filmstar. Inzwischen jenseits der achtzig, meinte er im Brustton tiefster Überzeugung, wenn seine Zeit komme, werde er »bereitwillig gehen und sich ins nächste Abenteuer stürzen«. Was auch immer als Nächstes geschehen würde, er schien einverstanden zu sein, weil er einverstanden war mit allem, was geschah, Punkt. Er schien mit einem Lebensfluss verbunden, der so real war, dass selbst der Tod ihm nicht Einhalt gebieten konnte.

Eine halbe Stunde später sah ich ihn wie Rodolfo Valentino mit einer fünfzig Jahre jüngeren Frau tanzen. Als er wieder an seinem Tisch saß, hörte ich ihn gegen die Regierung wettern wie ein strahlender junger Held, der sich den Teufel darum scherte, ob das, was er sagte, bei den anderen Anklang fand oder nicht. Es kam mir so vor, als wäre er nicht am Ende seines Lebens angelangt, sondern vielmehr auf dem Höhepunkt. Und von hier aus konnte er sehen, dass sich vor ihm einfach nur ein neues Stück Land erstreckte, nicht weniger real als das Land hinter ihm.

Wie würden wir unser Leben gestalten, wenn wir keine Angst vor dem Tod hätten? Wie würden wir mit unserem Leben umgehen, wenn wir das Gefühl hätten, von uns selbst und anderen die uneingeschränkte Erlaubnis zu haben, alles zu leben, was wir mitbekommen haben? Wäre die Lebensmitte dann die Zeit, die Schotten dicht zu machen, oder wäre es die Zeit, endlich loszulegen? Wäre es die Zeit, zu resignieren, oder wäre es die Zeit, endlich für uns in Anspruch zu nehmen, was wir wirklich wollen? Wäre es die Zeit, einfach nur unsere Tage herumzubringen, oder wäre es die Zeit, endlich Nägel mit Köpfen zu machen? Wenn wir sozusagen per Autopilot älter werden wollen, als eine uns verordnete, vorgefertigte Erfahrung, dann ist das sicher nicht schwierig – für den Status quo stehen Wegweiser an jeder Ecke. Wenn wir aber für uns selbst und die Menschen um uns herum etwas Neues schaffen wollen, dann ist es wichtig zu erkennen, wie eingeschränkt und einschränkend die Vorstellungen von der Lebensmitte sind, die unsere Kultur noch immer prägen. Und uns klarmachen, dass wir uns von ihnen lösen können.

Viele unserer Vorstellungen von der Lebensmitte sind überholt, übernommen von früheren Generationen, und passen nicht mehr zu dem, was wir sind und wie wir heute leben.

Kürzlich begegnete ich einer Frau, die in den 1970er und 1980er Jahren eine politische Ikone war. Als ich sie fragte, ob sie sich gern wieder an den politischen Auseinandersetzungen beteiligen wolle, sah sie mich an und sagte: »O nein, ich bin sechsundsechzig!« Sie wies mit einer Kopfbewegung zu einem Tisch mit jungen Frauen hinter uns und fügte hinzu: »Überlassen wir doch ihnen das Ruder.«

Ich schaute sie entsetzt an. Die Frauen an dem Tisch hinter uns schienen mir ganz und gar nicht geeignet, in absehbarer Zeit die Geschicke der Welt in eine positivere Zukunft zu lenken, und ich wusste, im Grunde ihres Herzens ging es meiner Gesprächspartnerin genauso.

»Die? Sind Sie wahnsinnig?« Ich schnappte nach Luft mit Blick auf die heißen Feger hinter uns, in deren Gesichtern ich nicht die geringste Spur von Ernsthaftigkeit entdecken konnte. Doch im gleichen Moment sah ich die Augen meines Gegenübers aufblitzen. Vielleicht brauchte diese Frau einfach jemanden, der ihr gestattete, offen zu gestehen, was sie insgeheim dachte: Eigentlich war sie zu politischem Engagement mehr denn je bereit. Leute wie sie sind es, die das nötige Rüstzeug besitzen.

Als sie aufbrach, sagte sie zu mir: »Sie haben recht. Wir sollten mal darüber reden. Ich möchte etwas Radikales tun.«

Meine Gesprächspartnerin hatte nichts weiter gebraucht als eine kleine Verschiebung des Blickwinkels. Dass jemand ihre Vorstellung, ihre besten Tage seien vorbei, einfach in Frage stellte, bewirkte blitzschnell den Wechsel von einem resignierten und ängstlichen »Jetzt sind sie an der Reihe« zu einem emotional aufrichtigeren »Jetzt bin ich an der Reihe«. Und im Grunde unseres Herzens empfinden viele in unserem Alter wie sie: dass wir endlich so weit sind, etwas Radikales zu tun! Was immer das sein mag, es juckt uns in den Fingern, es jetzt zu tun.

Manchmal aber wissen wir nicht genau, was dieses »Es« ist. Und selbst wenn Sie es wissen, befürchten Sie vielleicht insgeheim, dass es zu spät ist. Sie sind hin- und hergerissen zwischen dem aufregenden Gefühl, dass Sie endlich anfangen könnten, und dem beängstigenden

Gedanken, dass Sie Ihre besten Jahre vielleicht schon hinter sich haben. Doch Gottes Hand hat mehr Gewicht als Ihre Lebensgeschichte. Gott wirkt Wunder, jederzeit, überall, für jeden; dass Sie älter geworden sind, ist das Letzte, was ihn bremsen könnte.

In jüngeren Jahren scheint die Zeit wie im Schneckentempo dahinzukriechen. Dann kommt es uns mit einem Mal so vor, als wäre sie ganz schnell vergangen. Unwiderruflich verpasste Chancen sprenkeln die Landschaft unseres Lebens: etwa bei Frauen, die sich erst dann bewusst wurden, dass sie Kinder wollten, als ihre Eierstöcke nicht mehr mitmachten; oder bei Menschen, die in einem Beruf feststecken, den sie hassen, weil sie jahrelang nicht den Mut hatten, sich mit allen Konsequenzen für das zu entscheiden, was sie wirklich wollten. Deshalb ist es so wichtig, die Vorstellung, mit dem Erreichen der Lebensmitte seien unsere Möglichkeiten begrenzt, nicht einfach so hinzunehmen. Das Leben wird zu jedem Zeitpunkt genau den Gehalt haben, den wir ihm geben. Das Gestern hat nicht die Macht, unser Heute zu bestimmen. Jede Situation fordert uns dazu heraus, sich ihr gewachsen zu zeigen – oder, besser gesagt, zuzulassen, dass Gott uns ihr gewachsen sein lässt –, und die Lebensmitte stellt da keine Ausnahme dar. Gott ist jederzeit bereit, Wasser in Wein zu verwandeln.

Was auch immer bei Ihrer Geburt in Ihnen angelegt war, was auch immer Ihrer Seele als Aufgabe mitgegeben wurde, welche Lektionen auch immer Sie lernen sollten – jetzt ist die Zeit, diese Dinge ernsthaft anzugehen. Je ernster Sie das Leben nehmen, desto ernster, scheint es, nimmt das Leben Sie. Es sind Ihre Gedanken, und allein Ihre Gedanken, die darüber bestimmen, was hier und jetzt für Sie möglich ist. Es ist an der Zeit, die Initiative zu ergreifen und alle von Ihnen selbst oder wem auch immer vorgefertigten Schemata für das, was in dieser Phase Ihres Lebens »möglich« ist, hinter sich zu lassen. Egal, was in Ihrer Vergangenheit geschehen ist oder nicht, die Gegenwart ist und bleibt eine unerschöpfliche Quelle wunderbarer Möglichkeiten – dafür sorgt Gottes ausgleichende Gerechtigkeit. Die »unendliche Möglichkeit« ist keine bloße Abstraktion; sie ist eine Sehnsucht des Universums, eine aktiv wirkende, unendlich dynamische Kraft. Sie reagiert nicht auf Ihren früheren, sondern auf Ihren gegenwärtigen Seelenzustand.

Nicht das, was bisher in Ihrem Leben geschah, hat die Macht, Ihre Zukunft zu bestimmen. Wie Sie das Geschehene interpretieren und was Sie daraus lernen, das ist es, was die Weichen dafür stellt, wie Ihre weitere Zukunft aller Wahrscheinlichkeit nach aussehen wird.

Im Leben geht es nicht immer (nicht einmal in der Regel) ständig aufwärts. Sind wir einmal jenseits der vierzig, dann sind wohl die meisten zumindest in einem oder zwei wichtigen Lebensbereichen schon mal gestolpert: eine gescheiterte Ehe, Schwierigkeiten mit den Kindern, im Beruf, mit dem Geld, Suchtprobleme, was auch immer. Doch der entscheidende Punkt ist nicht, ob wir auf unserem Lebensweg stolpern und hinfallen oder nicht; entscheidend ist, ob wir gelernt haben – oder nicht –, wie man wieder auf die Beine kommt. Jeder fällt mal auf die Nase, denn wir leben in einer gefallenen Welt. Wer wieder aufsteht, und wie er das macht, bestimmt, wie es weitergeht.

Eine Freundin von mir ist eine phantastische Sängerin und begeistert das Publikum seit vielen Jahren. Außerdem sieht sie umwerfend aus. Von allen Seiten bekam sie stets zu hören, sie habe das Zeug zum großen Star. Und, hat sie den großen Durchbruch geschafft, mit zwanzig, dreißig oder vierzig? Nein, denn wie so viele Menschen in unserem Alter haben innere Dämonen auch sie jahrelang ausgebremst. Sie verpasste eine wichtige Besprechung, weil sie einen Kater hatte, oder sie sagte etwas Falsches zu einem Plattenmanager, weil sie charakterlich noch zu unreif war. Sie sabotierte konsequent ihren eigenen Erfolg. Erst nach ihrem vierzigsten Geburtstag fügte sich alles wie die Teile eines Puzzlespiels zusammen, ihr Talent und ihre Persönlichkeit kamen endlich in Übereinstimmung. Und erst dann, als es endlich so weit war, konnte sie – wie alle Menschen um sie herum – sehen, dass der lange und gewundene Weg, den sie gegangen war, die Strahlkraft ihres Erfolgs nur erhöhte.

Was meine ich mit der »Strahlkraft« ihres Erfolgs? Ich meine die unterschiedlichen Wissensschichten, die darin eingeflossen sind: die großen und kleinen Lektionen, die meine Freundin auf ihrem Weg lernte. Sie wirkten sich schließlich nicht nur auf ihren Gesang aus, sondern auf ihre Art, in der Welt zu sein; nicht nur das, was sie tut, hat jetzt eine ganz andere Substanz, sondern auch die Person, die sie ist. Nicht nur ihre Stimme musste reifen, auch ihre Persönlichkeit.

Mag sein, dass man im Aerobic-Kurs manchmal die Beine nicht mehr richtig hochbekommt, aber eine Augenbraue bedeutungsvoll zu heben braucht lange Erfahrung. In gewisser Weise macht diese hochgezogene Augenbraue mehr Eindruck als das bis zum Anschlag gestreckte Bein. Genau das ist es, was die reiferen Jahre zu bieten haben: eine reichere, neue Persönlichkeit. Ein Wissen, zu dem Sie nur dadurch gelangen konnten, dass Sie, wie mein Vater immer sagte, das Leben nehmen mussten, wie es kam.

Diese neue Reife ist von Optimismus getragen – nicht von dem ahnungslosen Optimismus unserer Jugend, als alles möglich schien, sondern eher von einem bittersüß-wissenden Optimismus, den wir aufrechterhalten, obwohl wir wissen, dass bestimmte Dinge nicht mehr möglich sein werden. Wir haben so manches verloren, was wir lieber nicht verloren hätten, aber wir haben auch manches gewonnen, von dessen Existenz wir nicht einmal wussten. Wir haben schon genug erlebt und erfahren, um zu wissen, dass wir ganz schön gut sind – nicht so sehr in diesem oder jenem Bereich als vielmehr in der Kunst, ein verantwortungsvolles Leben zu führen. Wenn ich mir meine Altersgenossen so ansehe, komme ich zu dem Schluss, dass viele von ihnen insgeheim genauso denken. Haben wir einmal akzeptiert, dass im Leben manches nicht so toll läuft, wie wir es uns vorgestellt haben, stellen wir fest, dass es in Bereichen, von deren Existenz wir früher gar nichts wussten, sogar viel toller ist.

Das bedeutet nicht, dass man sich etwas vormacht, dass man sich weigert, in Würde zu akzeptieren, dass die Jugend vorbei ist. Man akzeptiert die Einschränkungen des Alters, aber genauso akzeptiert man die Grenzenlosigkeit Gottes. Etwas ist zu Ende, das stimmt, aber es hat auch etwas Neues begonnen. Es ist weniger die Jugend beendet, als vielmehr die verlängerte Jugend unterbrochen – kein Rausschmiss, ehe die Party zu Ende ist, sondern eine Erlösung aus endgültiger Sinnlosigkeit, die letzte Chance auf ein gelungenes Leben. Die heute in der Lebensmitte stehende Generation will sich nicht mehr mit dem Gedanken abfinden, dass alles umsonst gewesen sein soll. Hinderliche, überholte Denkmuster, die den Weg zur höheren Bestimmung dieser Menschen versperrten, werden endlich aufgebrochen. Und obwohl es vielleicht ein bisschen deprimierend ist, dass sie nicht mehr jung sind, freuen sie sich, dass sie jetzt eine ganze Menge mehr Ahnung haben.

Gerade zu einer Zeit, in der die Welt buchstäblich in die Luft zu fliegen droht, wenn nicht ein vernünftiger erwachsener Mensch auftaucht und das Ruder schnell noch herumreißt, mausert sich unsere Generation endlich zu einer Generation vernünftiger erwachsener Menschen.

Der gegenwärtige Zustand der Welt ist für die in den 1950er und 1960er Jahren Geborenen ein einziges großes Übergangsritual, wie etwa ein Solotrip in den Dschungel, mit dem wir austesten, ob wir überleben können oder nicht. Wenn nicht, dann fehlt uns offenbar das nötige Potenzial. Wenn ja, dann »bist du ein Mann, mein Sohn!«, wie Rudyard Kipling einst schrieb. Na ja, zumindest für die Hälfte dieser Generation trifft diese Zeile zu.

Die Lebensmitte ist heutzutage eine Art zweite Pubertät. Sie wird in unserer Zeit ganz anders erlebt als früher, auch was ihre Länge betrifft. Als Lebensphase unterscheidet sie sich deutlich von der Jugend, aber auch vom (hohen) Alter. Sie fühlt sich weniger wie eine

Kreuzfahrt in Richtung Lebensende an als vielmehr – endlich – wie eine Kreuzfahrt zum Sinn unseres Lebens. Leute, die noch mit vierzig jammerten: »Ich weiß nicht, was ich mit meinem Leben anfangen soll«, haben auf einmal das Gefühl, sie wüssten es. Man fühlt sich eher wie ein Teenager denn wie ein alter Mensch.

In ihrem Buch *The Longevity Factor* schreibt Lydia Bronte, dass wir unser Leben um fünfzehn Jahre verlängert haben … aber in der Mitte, nicht am Ende. Wir sollten diese Phase am besten die neue Lebensmitte nennen, denn sie ist in der Tat neu. Sie wurde früher nicht wahrgenommen, weil sie in der heutigen Form gar nicht existierte. Indem wir die Existenz dieses neuen psychologischen Faktors in unserem heutigen Leben anerkennen, schaffen wir ein Gefäß für andernfalls verstreut bleibende Energien, deren Potenzial beachtlich ist.

Wir können für die Erfahrung der Lebensmitte dankbar sein, und wir können sie verwandeln. Und das tun wir, indem wir ändern, wie wir darüber denken – denn es sind Gedanken, die Informationen an unsere Körperzellen weitergeben und die Blaupause dafür bilden, wie wir die Welt erleben. Zwei Dinge müssen wir tun: uns von unserem begrenzten Denken trennen und stattdessen ein grenzenloses zulassen. Unser Denken spiegelt sich in unserem Erleben wider, und das reicht vom Zustand unseres Körpers bis zum Zustand unserer Welt. Indem wir unser Denken umprogrammieren, programmieren wir alles um.

Die heute vierzigjährigen Frauen, heißt es oft, seien die neuen Dreißigerinnen, die heute fünfzigjährigen die neuen Vierzigerinnen. Ich habe mich gefragt, ob wir das einfach nur gerne glauben wollen oder ob es wirklich zutrifft. Glücklicherweise habe ich mich für Letzteres entschieden. Doch bei näherer Betrachtung erkennt man: Es ist ein zweischneidiges Schwert. Einerseits zeigt diese Beobachtung, dass wir länger als früher gut aussehen; andererseits wird damit deutlich, dass wir lange gebraucht haben, um endlich erwachsen zu werden. Wir haben Jahre benötigt, um wenigstens ansatzweise zu verstehen, was Generationen vor uns offenbar wesentlich früher begriffen haben.

Diejenigen unter uns, die jetzt in die Lebensmitte und das Alter hineinreifen, wird man nicht als »verlorene Generation« bezeichnen, aber wir werden durchaus als eine Generation betrachtet werden, die zehn oder zwanzig Jahre verlieren musste, um zu sich selbst zu finden. Im Endeffekt aber haben wir gar nicht so viel Zeit vertan, denn wir haben Probleme aufgearbeitet, die vorhergehende Generationen nicht hatten. Wir haben länger gebraucht, weil wir auf der psychischen Ebene wesentlich mehr zu bewältigen hatten.

Grämen Sie sich nicht, wenn Sie das Gefühl haben, dass es jetzt nur noch bergab geht. Nur die Landschaft hat sich verändert. Es gibt neue Berge.

Als ich bei einer Freundin aus Kindheitstagen zu Besuch war, sah ich bei ihr ein Foto, das vor zwanzig Jahren aufgenommen worden war. Der Unterschied zu heute war enorm, denn meine Freundin hatte sich äußerlich von einer strahlenden jungen Frau zu einer eher herben Dame mittleren Alters gewandelt, deren Gesicht zu sagen schien: »Ich habe resigniert.« Doch ich wusste, dass ihr jugendliches Feuer keineswegs erloschen war; ich konnte es immer noch spüren. »Das ist die echte Linda!«, sagte ich zu ihr und wies auf das Foto. »Ich finde, du solltest sie wieder hervorholen.« Ihr Blick verriet mir, dass sie verstanden hatte, was ich meinte.

Wir wissen, zumindest vom Verstand her, dass wir in der Lebensmitte nicht zwangsläufig in Resignation versinken und nachlässig uns selbst gegenüber werden müssen. An die Stelle der Jugend tritt in der nächsten Lebensphase etwas, das ebenso aufregend sein kann. Wir können für unsere mittleren und späten Jahre bewusst Anspruch auf ein viel besseres Leben erheben, als wir es uns in unseren kühnsten Träumen ausgemalt haben.

Wir können uns von der Last unverarbeiteten Schmerzes befreien und uns unbeschwert einem weiseren und demütigeren Herzen überlassen. Wir können diese Lebensphase nicht als End-, sondern als Neu-Zeit betrachten. Wir können für uns als Tatsache akzeptieren, dass es bei Gott keine Zeit gibt. Die neue Lebensmitte ist ein Weckruf für die Seele.

Wenn ich auf meine jungen Jahre zurückblicke, macht mir am meisten Kummer, dass ich vieles davon gar nicht mitbekommen habe. In meinem heutigen Leben möchte ich nicht noch einmal denselben Fehler machen. Ich möchte alles ganz bewusst erleben. In einem ihrer Lieder singt Bonnie Raitt: »Das Leben wird unglaublich kostbar, wenn es weniger davon zu vergeuden gibt«, und es ist, als sänge sie für uns alle.

Meine jungen Jahre waren so voller Wunder, dass ich sie damals einfach nicht sehen konnte. Aber immer wenn ich versucht bin, über die Gründe dafür nachzugrübeln, dass ich als junge Frau so viel Gutes an mir nicht habe annehmen können, werde ich daran erinnert, dass dem

Schöpfer all dieses Guten die Wunder niemals ausgehen.

Dass wir alt werden, sofern wir dieses Glück haben, ist eine gegebene Tatsache. *Wie* wir alt werden, hängt von uns selbst ab. Dieses Buch will einige der damit verbundenen Schwierigkeiten aufgreifen und ihnen furchtlos ins Auge blicken, die eher beängstigenden Winkel liebevoll ausleuchten und auf Wunder aufmerksam machen, die uns sonst vielleicht entgehen würden.

Ich zitiere in diesem Buch immer wieder aus *Ein Kurs in Wundern*, einem Programm zum Selbststudium einer Art spiritueller Psychotherapie. Es handelt sich nicht um eine Religion, sondern vielmehr um ein psychologisches Bewusstseinstraining auf der Grundlage universeller spiritueller Themen. Das praktische Ziel des Kurses ist es, durch Vergebung zum inneren Frieden zu gelangen.

Kapitel 1

Die Lebensmitte – ein Wendepunkt

*E*ines Tages fand ich ein paar Videobänder in meiner Post, Mitschnitte von Vorträgen, die ich 1988 gehalten hatte. Ich bat meine Tochter, sie mit mir gemeinsam anzuschauen; sie sollte sehen, wie ihre Mutter zwei Jahre vor ihrer Geburt aussah und sich anhörte. Zuerst dachte ich, ich täte es für sie, doch bald war mir klar, dass ich es für mich selbst tat. Meine Tochter war ganz erstaunt, wie leicht und locker ihre Mama damals rüberkam, körperlich wie geistig, noch unbelastet von Jahren voller Sorgen. Auch ich selber war irgendwie fasziniert.

Ein junger Mann in meinem Bekanntenkreis sagte einmal zu mir: »Hätte ich dich doch nur gekannt, als du jünger warst!«, und versuchte sich dann (als er sah, wie ich zusammenzuckte) mit der Bemerkung zu retten, er hätte mich gerne gekannt, als ich noch dieses Feuer in mir hatte. Und ich dachte bei mir, sagte es aber nicht: Ich habe dieses Feuer immer noch in mir! Auf diesen alten Videoaufnahmen sah ich das Feuer, das er gemeint hatte, aber ich sah auch etwas anderes. Ich sah ein Feuer, das ich mir zurückerobern musste, ein Feuer, das die Welt eingedämmt hatte, das aber noch immer meines war, wenn ich es wollte. Sicher, es loderte mir nicht mehr aus den Augen, aber erloschen war es auch noch nicht. Es lag einfach verschüttet unter Belastungen und Enttäuschungen, die sich Schicht um Schicht darauf angehäuft hatten. Der Ursprung des Feuers selbst lag außerhalb der Zeit.

Mich überraschte bei unserer Videositzung, dass meine Tochter so erstaunt war. Es war mir nicht bewusst gewesen, dass sie ihre Mutter nicht als eine unbeschwerte Frau sah, mit reichlich Wortwitz und Klugheit begabt. Da erst erkannte ich, dass ich jemand geworden war, der ich eigentlich nicht hätte werden müssen. Ich hatte ein paar harte, psychisch düstere Jahre hinter mir und war schlicht auf die Lügen hereingefallen, die man mir damals erzählt hatte.

Mir ist das Gleiche passiert wie vielen anderen auch, in der einen oder anderen Weise. Das Alter kann einen mit der Wucht einer Dampfwalze treffen, so dass von allem jugendlichen Elan nichts mehr übrig bleibt. Jahrelang läuft man herum wie fremdgesteuert, offenbar mehr von dem bestimmt, was man nicht mehr ist, als von dem, was man ist. Doch langsam, aber sicher tritt man in die nächste Phase seines Lebens ein – verändert, aber nicht unbedingt mit weniger Potenzial. Ob weniger oder mehr, das hängt von Ihnen selbst ab.

Ich erinnere mich, wie ich vor ein paar Jahren eine CD von Joni Mitchell kaufte. Das Cover zeigt ein Selbstporträt, auf dem sie ein Glas Wein in der Hand hält. Ich betrachtete das Bild mehrere Minuten, ehe ich die CD einlegte – und war entsetzt. Joni klang vollkommen anders, es war nicht die Joni, die ich doch so gut kannte. O mein Gott, dachte ich, sie hat ihre Stimme verloren! Das Helle, Zarte, es war vollkommen weg. Ich, die ich seit Jahrzehnten Joni Mitchell hörte, erkannte ihre Stimme nicht wieder. Joni Mitchell kann nicht mehr singen, dieser Gedanke ging mir bestimmt fünf Minuten lang unaufhörlich im Kopf herum.

Und dann begann ich, richtig hinzuhören, und erkannte natürlich, dass die Stimme von früher sich mit der heutigen überhaupt nicht messen konnte. Joni Mitchells Stimme besaß jetzt eine neue Tiefe, verriet eine Sehnsucht, die die Stimme ihres jüngeren Selbst nicht gehabt hatte. Irgendwo zwischen ihrer Seele und ihrer Kehle, zwischen ihrer Vergangenheit und ihrer Gegenwart, hatte sich gute Popmusik wie durch Magie in hohe Kunst verwandelt. Aus den leichten, hellen Melodien waren starke, seelenvolle Schreie aus ihrem tiefsten Innern geworden. Sie hatte eine Kraft entwickelt, die alles andere als geringer ist. Aus einer, die schon zu den Größen gehört hatte, schien mir eine Göttin geworden zu sein.

Joni Mitchells Weg – und ihre Verwandlung – haben angesichts meiner eigenen Erfahrung eine große Bedeutung für mich. Da ich seit über zwanzig Jahren Vorträge halten, bekomme ich hin und wieder von Leuten zu hören, dass sie mich gerne »wie früher« erleben würden. Und ich weiß, was sie meinen. Ich war flippig, witzig, offenherzig. Aber, meine Güte, das war in den 1980er Jahren! Es ist keine Kunst, locker-flockig daherzukommen, wenn man noch nichts erlebt hat, das einen belasten könnte. Später, wenn das persönliche Repertoire an leidvollen wie an schönen Erfahrungen Jahr für Jahr wächst, kann Ihre Stimme nicht unverändert bleiben. Die Frage ist: Werden Sie Ihre wahre Stimme dann verloren oder gefunden haben?

Die Jahreszeiten wechseln, aber jede ist auf ihre Weise schön. Der Winter ist genauso schön wie der Sommer, draußen in der Natur wie in uns selbst. Wir sind in späteren Jahren nicht zwangsläufig weniger hinreißend; wir sind einfach auf andere Weise hinreißend. Dort zu sein, wo wir wirklich stehen, ohne uns dafür zu schämen oder zu rechtfertigen, das ist es, was zählt. Der Charme der persönlichen Authentizität kann den verlorenen Charme der Jugend durchaus kompensieren. Meine Arme sind nicht mehr so wohlgeformt wie früher, aber ich weiß wesentlich mehr mit ihnen anzufangen.

Als ich in den Zwanzigern war, habe ich zu fast allem ja gesagt: Ja, da gehe ich hin; ja, das mache ich. Als ich älter wurde, habe ich mir angewöhnt, nein zu sagen: Nein, das kann ich nicht machen, weil ich zu meiner Tochter nach Hause muss; nein, da kann ich nicht hingehen, weil ich keine Zeit dazu habe. Irgendwann, scheint mir, habe ich dann aufgehört zu überlegen, warum ich nein sage, und einfach auf alles, was außerhalb meiner Komfortzone lag, automatisch mit nein geantwortet. Und meine Komfortzone wurde immer kleiner. Bis mir schließlich bewusst wurde, dass zu viele Neins in einem bestimmten Alter gefährlich werden. Wenn wir nicht aufpassen, sagen wir auf einmal nein zum Leben selbst. Und dieses Nein ist es, das uns alt macht.

Die Pflichten des Erwachsenenlebens zwingen uns oft, uns auf die unmittelbar anstehenden Dinge zu konzentrieren, und in dieser Hinsicht kann es eine gute Sache sein, zur Ruhe zu kommen. Das muss aber nicht bedeuten, dass wir uns gewissermaßen geistige Scheuklappen anlegen. Wer das Staunen verlernt, kann nicht auf gute Weise alt werden. Vielleicht ertappen Sie sich manchmal bei Gedanken wie: Ach, dieses Museum, das kenne ich doch schon längst! Gehen Sie aber trotzdem hin, werden Sie feststellen, dass das, was Sie in jüngeren Jahren dort gesehen haben, nur ein Bruchteil dessen ist, was Ihre Augen heute alles sehen.

Wenn Sie Ihren Körper nicht trainieren, ziehen sich Ihre Muskeln mit der Zeit zusammen. Und wenn Sie Ihren Geist nicht trainieren, werden Sie geistig immer starrer. Nichts engt Ihr Leben so sehr ein wie eine starre geistige Haltung. Sie bedeutet eine Einschränkung Ihrer Möglichkeiten, Ihrer Freude am Leben.

Wir alle kennen Menschen, die sorgenvoll gealtert sind, und andere, die freudvoll gealtert sind. Jetzt ist es an der Zeit, bewusst in Freude zu altern, die Entscheidung zu treffen, dass die Freuden der Jugend zwar schön sind, aber nicht die einzige Art von Freuden. Eigentlich ist schon das Wissen, nach so vielen Jahren endlich erwachsen geworden zu sein, eine erfreuliche Sache.

Eine Vielzahl neuer Möglichkeiten tut sich vor uns auf, die wir einer zahlenmäßig sehr starken und früher ziemlich forsch auftretenden Generation angehören, die jetzt in die Jahre kommt, in denen das Haar schütter wird und die Gelenke zu schmerzen beginnen. Wie wir weitermachen, ist nicht vorherbestimmt, sondern bleibt abzuwarten und hängt davon ab, wie sich der Einzelne entscheidet. Wir können uns dem Sog von Alter und Chaos überlassen, der uns immer weiter nach unten zieht, oder wir können furchtlos neue Wege einschlagen – indem wir all das in die Waagschale werfen, was uns das Leben bereits gelehrt hat, und die Chance auf Erlösung nicht nur für uns selbst, sondern für die ganze Welt beanspruchen.

Es gibt eine Menge Dinge, für die unsere Generation sich zu verantworten hat, nachdem sie so lange Party gemacht hat und so spät erwachsen geworden ist. Doch jetzt, da uns weniger Jahre bleiben, sind wir endlich bereit, uns dem Leben zu stellen. Jetzt haben wir das Wissen und hoffentlich auch den Mut, für das einzutreten, was wir als richtig erkennen. Wir sind uns bewusst, dass ein Kapitel in unserem Buch des Lebens zu Ende ist, dass aber das nächste vielleicht gar nicht schlechter sein muss. Es könnte sogar unendlich viel besser sein. Wir könnten diese Jahre wertschätzen und feiern, wenn wir den Mut haben, bewusst die Zügel in die Hand zu nehmen und etwas Neues für uns selbst und für die Welt zu schaffen.

Wir haben alle unsere privaten Dramen durchgemacht, sind unseren individuellen Weg gegangen; jetzt begegnen wir uns, wie an einem vorherbestimmten Punkt, um unsere Ressourcen an Talent und Intelligenz, an Glauben und Hoffnung zusammenzubringen. Letztlich ehrt es jeden von uns persönlich, wenn wir da unseren Platz finden, wo die Herzen im selben Rhythmus schlagen. Wir sind unseren Weg allein gegangen, und ab jetzt gehen wir ihn gemeinsam. Das wirkliche Drama unseres Zeitalters ist noch längst nicht vorbei; in gewisser Weise fängt es gerade erst an.

Jede Generation bringt ihre eigenen Begabungen mit. Die größten Talente der Babyboomer-Generation müssen noch ans Licht befördert werden, denn es sind ganz andere, als wir dachten. Es geht dabei ebenso um die Auseinandersetzung mit den Dingen, bei denen wir versagt haben, und um das damit einhergehende spirituelle Wachstum wie auch um die Verdienste, die wir für irgendetwas einheimsen.

Eine idealistische Generation, die angetreten war, um alles viel besser zu machen, war federführend in einer Zeit, in der viele Dinge wesentlich schlechter geworden sind. Im Endeffekt besteht jede Generation nur aus Menschen, die ihre Zeit auf Erden durchlaufen haben. Und wir haben in unserer Zeit, jedenfalls bislang, nicht ganz geschafft, wozu wir auf die Welt gekommen sind. Für diejenigen unter uns, die der Babyboomer-Generation angehören, könnte die Erkenntnis eine Offenbarung sein, dass wir in vielerlei Hinsicht unsere jungen Jahre vergeudet haben – nicht, weil wir nur leichtfertig in den Tag hinein gelebt hätten, sondern weil wir sie in allzu vielen Fällen ganz egoistisch ausgelebt haben. Unsere Eltern und Großeltern wurden gewissermaßen von Natur aus erwachsen. Und machten dann weiter. Wir hingegen schoben das Erwachsenwerden hinaus, solange es eben ging. Nachdem wir nun viel zu lange wie auf kleiner Flamme gegart haben, kommt unsere latente Reife mit einer Sensibilität ans Licht, von der wir kaum wussten, dass wir sie besaßen. Was wir mit zwanzig oder dreißig erreicht und begriffen haben sollten, erreichen wir erst mit vierzig, fünfzig oder sechzig. Aber es ist noch nicht zu spät. Wir haben nicht alles Mögliche durchgemacht, nicht so viele Federn gelassen, nicht so viele Kränkungen hingenommen, dass jetzt einfach alles vorbei sein soll. Tatsächlich schulden wir der Welt viel zu viel, als dass wir so leicht davonkämen. Wir alle tragen bei unserer Geburt ein Versprechen in uns – das Versprechen, die Welt besser zu machen –, und es ist eine Sehnsucht in uns, dieses Versprechen einzulösen, die niemand bis ans Ende seiner Tage unterdrücken kann.

Unüberhörbar stellt unser Herz die stumme Frage: Was fange ich an mit der Zeit, die mir noch bleibt? Vielleicht bekommen wir eine Art Gnadenfrist, ein bisschen Zeit zusätzlich, um dieses Versprechen einzulösen. Vielleicht weil wir uns tief drinnen nach einer letzten Chance sehnen, etwas wirklich Sinnvolles zu tun, ehe wir in die Ewigkeit eingehen, wartet die Ewigkeit noch ein Weilchen länger auf uns.

Es ist die große Kraft unserer neugefundenen Demut, die uns diese letzte Chance gibt, etwas wirklich Bedeutsames zu tun. Werden wir die glamouröse Bedeutungslosigkeit, die unsere Generation bislang kennzeichnet, endlich abstreifen? Werden wir die dunklen und zerstörerischen Muster unserer Vergangenheit endlich erkennen und aufstehen, um sie zu verändern? Werden wir die Lektionen, die wir gelernt haben, in die Tat umsetzen? Werden wir uns mit den schöpferischen Impulsen des Universums verbünden und den Boden bereiten für eine wunderbare Zukunft, in der niemand wird sagen können, dass wir einfach aufgegeben haben, sondern jeder sagen wird, dass sie endlich in Gang gekommen sind? Irgendwann öffnet sich die Drehtür noch einmal für uns – aber nur noch ein einziges Mal. Dann müssen wir unsere Sache richtig machen, oder wir sterben in dem Wissen, es nicht hinbekommen zu haben.

Was wir »Lebensmitte« nennen, muss nicht der Wendepunkt in Richtung Tod sein. Es kann ein Wendepunkt hin zu einem Leben sein, wie wir es bisher nicht kannten, wie wir es nicht haben kennen können, als wir noch zu jung und zu überheblich waren, um seine Grenzen wirklich zu erfassen. Älterwerden ist demütigend, das stimmt, aber es macht uns auch bewusst, wie kostbar das Leben ist und wie überaus zerbrechlich. Es wird Zeit, dass wir unserer Rolle als lebenserfahrene Generation gerecht und zu Bewahrern dieses kostbaren Planeten werden, nicht nur in der Theorie, sondern in der Praxis, mit jeder Faser unseres Herzens. Bis Gott uns in die Ewigkeit abberuft, sollten wir diese Welt zum Ort unserer Träume machen.

Die Erkenntnis, dass wir nicht mehr jung sind, trifft gegenwärtig auf das Gefühl, dass uns global gesehen die Zeit davonläuft. Mehr und mehr werden uns die Augen geöffnet für den Ernst der Lage, und es ist unser tiefster Wunsch, etwas daran zu ändern. So wie wir uns wieder für das Leben engagieren, wird das Leben auch uns wieder einbinden. Wir werden Vergebung erlangen für eine Vergangenheit, die nicht ganz so war, wie sie hätte sein sollen, wenn wir uns für eine Zukunft engagieren, die alles ist, was sie sein kann und sollte – jetzt, da wir endlich erwachsen geworden sind.

Der verlorene Sohn kam sehr spät nach Hause, weil er so lange gefeiert hatte, aber sein Vater freute sich, ihn wiederzusehen. Bei uns wird es genauso sein.

Wo auch immer Sie gewesen sind, was immer Sie bislang getan haben: Ihr ganzes Leben hat sich auf diesen Moment hin entwickelt. Jetzt ist die Zeit, da Sie Ihre wahre Größe erlangen können – eine Größe, die nie möglich gewesen wäre, wenn Sie nicht genau die Dinge durchgemacht hätten, die Sie erfahren haben. Jede einzelne Ihrer Erfahrungen hat dazu beigetragen, dass Sie zu dem Menschen wurden, der Sie sind. Wie tief Sie auch gestürzt sein mögen, in Gott sind Ihrem Weg nach oben keine Grenzen gesetzt. Es ist nicht zu spät. Sie sind nicht zu alt. Sie sind genau zur rechten Zeit da. Und Sie sind besser, als Sie wissen.

Lieber Gott,
möge jede Phase meines Lebens
gesegnet sein.
Mögen meine Ängste
mir den Zugang zu deinen Wundern nicht
  verstellen.
Möge ich immer mehr hineinwachsen in eine
  tiefere Liebe.
Hierin wie in allen Dingen, lieber Gott,
möge die Welt mir nicht die Augen verschließen
für dich.
Amen

Kapitel 2

Dem Zauber des Lebens vertrauen

Irgendwann im Leben geht es weniger darum, wer man sein wird, sondern darum, wer man geworden ist. Was Sie einmal als Zukunft gesehen haben, ist Gegenwart geworden, und Sie fragen sich, ob Ihr Leben heute nicht besser wäre, wenn Sie es früher intensiver gelebt hätten. Aber wie hätten Sie das machen sollen? Sie waren ja ständig damit beschäftigt, über die Zukunft nachzudenken!

Wenn man ein bestimmtes Alter erreicht hat, kann man kaum glauben, dass man auch nur eine Minute seiner Jugend verschwendet hat, ohne sie zu genießen. Und sich selbst noch mehr Leben zu stehlen, indem man nicht jede Minute der Gegenwart voll auskostet, ist das Letzte, was man will. Endlich hat man begriffen – nicht nur theoretisch, sondern mit allen Sinnen –, dass dieser Augenblick jetzt alles ist, was man hat.

Sie schließen nicht mehr die Augen und fragen sich, wer Sie wohl in zwanzig Jahren sein werden; wenn Sie klug sind, dann schauen Sie sich das Video Ihres gegenwärtigen Lebens an und überprüfen, wie Ihnen dieses Leben jetzt gelingt. Sie betrachten die Gegenwart als fortwährenden Schöpfungsakt. Sie nehmen Ihre Gedanken, Ihr Verhalten und Ihren Umgang mit anderen unter die

35

Lupe. Sie begreifen, dass, wenn Sie ängstlich und distanziert auf das Leben zugehen, Ihnen nur Angst und Distanziertheit entgegenschlagen werden. Sie bemühen sich, Ihre Stärken aus- und Ihre Schwächen abzubauen. Sie nehmen Ihre seelischen Wunden wahr und bitten Gott, sie zu heilen. Sie bitten um Vergebung für die Dinge, derer Sie sich schämen. Sie suchen nicht mehr nach Befriedigung in Dingen außerhalb Ihrer selbst, Erfüllung in anderen Menschen oder innerem Frieden in der Vergangenheit oder Zukunft. Sie sind, wer Sie sind, nicht wer Sie eines Tages sein könnten. Ihr Leben ist, wie es ist, nicht wie es eines Tages sein könnte. Wenn Sie Ihr Augenmerk darauf richten, wer Sie gerade jetzt sind, wie Ihr Leben gerade jetzt ist, gelangen Sie zu der paradoxen und beinahe amüsanten Erkenntnis, dass, ja, die Freude im Unterwegssein besteht.

Bei mir persönlich zählt zu den Dingen, die ich am meisten bedaure, dass ich nicht beim Weihnachtsspiel meiner damals dreijährigen Tochter im Kindergarten war. Einerseits hatte man sich nicht die Mühe gemacht, mich darüber zu informieren; andererseits habe ich seinerzeit offenbar ausgestrahlt, dass mir nichts daran liege oder dass ich nicht die Zeit habe hinzugehen. Und jetzt denke ich manchmal, dass ich alles Mögliche dafür geben würde, wenn ich dieses Weihnachtsspiel heute sehen könnte. Mir fehlt eine Erinnerung; dort, wo ein Lächeln sein könnte, ist ein schwarzes Loch.

Ich schämte mich, als ich mir schließlich eingestehen musste, dass ich ein wenig wie mein Vater geworden war, der sein berufliches Fortkommen mit vierzig und fünfzig so wichtig nahm, dass er emotional für seine Kinder nur einen Tag in der Woche zur Verfügung stand. An den Sonntagen gehörte er mir; an allen anderen Tagen sehnte ich mich nach ihm. Jahre später, als seine erste Enkelin zur Welt kam, hatte er schon ein Alter erreicht, in dem er abgeklärter war und es endlich befriedigender fand, für ein Kind da zu sein als für seine Arbeit.

Ich war immer eifersüchtig auf die kleinen Mädchen, mit denen er sich als Großvater so liebevoll und zugewandt beschäftigte. Ich wusste, wäre er als Vater zu mir gewesen, wie er als Großvater zu ihnen war, dann wäre ich eine andere Frau geworden. Als ich meine fünfjährige Tochter Jahre später traurig sagen hörte: »Meine Mami fehlt mir, auch wenn sie da ist«, war ich entsetzt.

Wenn wir an Situationen zurückdenken, in denen wir wenig bewusst gehandelt haben, verspüren wir in uns den Wunsch, alles noch einmal zu machen – aber dieses Mal richtig! In manchen Fällen können wir das auch. Dass sie keine besseren Eltern gewesen sind, machen viele Menschen dadurch wieder gut, dass sie viel bessere Großeltern sind. Und oft können ihre Kinder ihnen dann vergeben. Manche Situationen lassen sich jedoch nicht so leicht in Ordnung bringen, manche Jahre sich nicht so leicht wiedergutmachen. Deshalb ist es so wichtig zu verstehen, dass der gegenwärtige Augenblick der beste Zeitpunkt ist, sein Bestes zu geben. Eine bessere Chance wird es nie geben.

Lieber Gott,
bitte mach meinen begrenzten Geist weit.
Nimm den Schleier von meinen Augen, damit ich
    sehend werde.
Lass nicht zu, dass das Gute in mir mir entgeht.

Hilf mir, mein Leben nicht zu versäumen.
Öffne mein Herz für bessere Dinge.
Amen

Eines Tages, als ich vor dem Spiegel stand und mich ansah, verfiel ich in abgrundtiefes Selbstmitleid.

Ach, dachte ich, ich weiß noch gut, wie ich jung war. Meine Haut war straffer, mein Busen fester, mein Po knackiger, mein Körper rundherum verlockend. Ich hatte viel mehr Energie, ich leuchtete geradezu. Hätte ich damals doch nur zu schätzen gewusst, was ich alles hatte … Ich werde es nie wieder haben.

Dann meldete sich eine andere Stimme in meinem Kopf zu Wort.

»Ach, Marianne …«, sagte sie, »hör auf damit! Ich kann dir sagen, wie du in deiner Jugend warst. Du warst ein Nervenbündel, rastlos, in deinem Kopf ging alles durcheinander, du warst essgestört, hattest nur unglückliche Liebesgeschichten, du hast deine Talente verschwendet und Chancen vertan, und du hattest keine innere Ruhe. Eigentlich warst du damals nicht anderes als jetzt: Immer hast du gedacht, wenn nur alles anders wäre, dann wärst du glücklich. Dann war es irgendein Mann, irgendein Job oder das große Geld, das dich glücklich machen sollte. Und jetzt meinst du, du bräuchtest nur wieder jung zu sein. Kleine Realitätsprüfung: Damals sahst du gut aus, aber du wusstest es nicht. Du hattest alles, aber du wusstest es nicht zu schätzen. Die Welt lag dir zu Füßen, aber du sahst es nicht.

Weißt du, wie es in deiner Jugend war? Es war genau wie jetzt!«

So begann ich vom »Jugendwahn« zu genesen. Gelegentlich habe ich Rückfälle, aber mit der Zeit komme ich immer schneller wieder heraus. Ich bin mir bewusst, dass es nichts weiter als ein Denkmuster ist, wenn ich wieder einmal eine andere Zeit, einen anderen Zustand, eine andere Wirklichkeit idealisiere – lediglich eine Vermeidungsstrategie, um mich nicht damit auseinandersetzen zu müssen, wie mein Leben jetzt gerade wirklich ist.

Wenn wir vor unserer gegenwärtigen Lebenswirklichkeit die Augen verschließen, entgehen uns die Wunder, die sie zu bieten hat. Jeder Mensch tut das, denn so funktioniert unser Ego. Aber wir können diese unsinnige Gewohnheit auch ablegen und eine wahrhaftigere Perspektive entwickeln: dass, wo auch immer wir sind, genau dort der richtige Platz für uns ist, und dass, wie spät es auch immer sein mag, jetzt genau die richtige Zeit ist. Das heißt nicht, dass wir uns nicht bemühen können oder sollten, etwas zu verbessern, insbesondere uns selbst. Sich jedoch der Vorstellung hinzugeben, wenn wir nur jünger wären, dann wäre alles besser, ist die beste Garantie dafür, unter dem Älterwerden zu leiden.

Mein Vater sagte einmal zu mir: »Wenn man alt ist, fühlt man sich nicht alt.« Wenn ich darüber nachdenke, dass das, was mich als Menschen ausmacht, jenseits der fünfzig identisch ist mit dem, wie ich mit fünfzehn war, dann verstehe ich ganz genau, was er meinte. Wer bin ich also wirklich? Bin ich die Frau, die sich mit den Jahren verändert hat, oder bin ich das unveränderliche Selbst in mir? Bin ich ein Opfer der Zeit oder ein Wesen, das nicht an sie gebunden ist?

Manchmal, wenn wir von Ereignissen sprechen, die vor langer Zeit geschehen sind, sagen wir Dinge wie: »Ich erinnere mich daran, als wäre es gestern gewesen.« Und in gewisser Weise ist es tatsächlich so. Wenn die Zeit, wie Einstein darlegte, lediglich eine Illusion des Bewusstseins ist, dann ist die linear verlaufende Zeit selbst eine metaphysische Fiktion; alles, was geschehen ist, gerade geschieht oder geschehen wird, geschieht jetzt. Hier, in diesem Reich des ewigen Jetzt, ist das wahre »Ich bin« angesiedelt.

Das ewige Selbst wohnt in der Ewigkeit, und die Ewigkeit überschneidet sich mit der linearen Zeit nur an einem Punkt: der Gegenwart. Deshalb sind Sie in diesem Augenblick die Person, die Sie wirklich sind. Und wer Sie sind, das ist die Liebe selbst. Von diesem entscheidenden Punkt des vollkommenen Wesens aus – von Gott in jedem Augenblick aufs Neue geschaffen – fließen die Wunder auf natürliche Weise. Die Liebe unterbricht die Vergangenheit und öffnet die Zukunft für neue Wahrscheinlichkeiten. Egal, wer Sie sind, egal, wie alt Sie sind: In der Gegenwart sind alle Dinge möglich.

Das physische Selbst altert natürlich, das spirituelle Selbst jedoch nicht. Je mehr wir uns auf die spirituelle Dimension unseres Lebens einlassen, desto mehr verschieben sich unsere Erfahrungen vom Veränderlichen zum Unveränderlichen … vom Begrenzten zum Grenzenlosen … von der Angst zur Liebe. Während unser Weg durch die lineare Zeit kürzer wird, kann sich unser Bewusstsein erweitern. Und dieses erweiterte Bewusstsein wiederum beeinflusst die Zeit. Je tiefer wir zur Liebe im Kern aller Dinge vordringen, desto mehr verwirklichen wir unser irdisches Potenzial. Die Erkenntnis dessen, was sich nicht verändert, ist der Schlüssel zu unserer Kraft in einer Welt, die sich stetig verändert. Wenn wir uns mit dem ewigen Selbst verbinden, altern wir nicht linear von strahlender Jugend zum gebrechlichen Alter, sondern eher wie eine Lotosblüte, die sich mehr und mehr dem Licht der Sonne öffnet. Und das Alter wird zu einem Wunder.

Unser Körper wird älter, bis wir schließlich sterben. Spirituell jedoch ist es keine Frage des Körpers, ob wir uns vorwärts- oder rückwärtsbewegen, sondern eine Frage des Bewusstseins. Wenn wir anders über das Älterwerden denken, dann ändert sich auch, wie wir es erleben. Wir können physisch älter sein, emotional und psychisch aber jünger. Manche von uns waren zwischen zwanzig und dreißig in einem Zustand des Niedergangs und befinden sich mit sechzig oder siebzig in einem Zustand der Wiedergeburt. König Salomon, angeblich der weiseste aller Menschen, beschrieb seine Jugend als seinen Winter und seine späten Jahre als seinen Sommer. Wir können älter geworden sein, uns aber dennoch jünger fühlen, als wir sind.

Wenn wir spirituell weiser, uns der Kräfte bewusster werden, die aller irdischen Wirklichkeit zugrunde liegen und sie erzeugen, dann beginnen sich die Fragen des Lebensalters zu verwandeln. Das spirituelle Wachstum steigert unser Gespür dafür, was möglich ist. Und wenn wir eine neue Möglichkeit spüren, können wir uns auch in diese neue Möglichkeit hineinwagen. Mit jedem Wort, jedem Gedanken, jeder Handlung entscheiden wir, was wir im Leben verwirklicht sehen wollen. Alte Gedanken schaffen alte Szenarien, und wir können beschließen, sie loszulassen.

In *Ein Kurs in Wundern* heißt es, dass wir so wenig erreichen, weil unser Geist undiszipliniert ist. Wir lassen uns zu leicht zu selbstabwertenden Gedanken, einengenden Vorstellungen und negativer Selbstwahrnehmung verleiten. Niemand zwingt Sie zu denken: »Meine besten Jahre sind vorbei«, oder »Niemand will mich mehr haben«, oder »Ich habe meine große Chance verpasst«. Aber für welchen Gedanken Sie sich auch immer entscheiden, Ihr Unterbewusstsein nimmt ihn absolut ernst, und Ihr Erleben wird Ihr Denken widerspiegeln. Jede kleinste Körperzelle reagiert auf unsere Gedanken – mit jedem Wort, sei es im Stillen gedacht oder ausgesprochen, haben wir Anteil an dem, was in unserem Körper vorgeht. Wir haben Anteil an den Abläufen des Universums selbst. Wenn sich unser Bewusstsein erhellt, dann erhellt sich auch alles andere in und um uns herum.

Das bedeutet natürlich, dass Sie mit jedem Gedanken beginnen können, Ihr Leben neu zu erschaffen.

In der Lebensmitte sehen Sie mit einem Mal ein Ende Ihres Weges, der früher unendlich erschien. Sie wissen jetzt auch vom Gefühl her, dass Ihre Lebenszeit begrenzt ist. Es bleibt keine Zeit mehr für Umwege, die fünf Jahre in Anspruch nehmen. Keine Zeit mehr für schwerwiegende Fehlentscheidungen. Keine Zeit mehr für Beziehungen, die einem nicht guttun, oder für Situationen, in denen man sich verbiegen und verstellen muss. Keine Zeit mehr für irgendwelche Spielchen aus falschem Stolz oder andere Hindernisse, die aus den dunklen Tiefen der Psyche aufgetaucht sind und die Lebensfreude blockieren, die Ihnen zugedacht ist. Sie möchten jetzt ein Präzisionsinstrument werden – ausgerichtet auf genau das, was Sie auch möchten; Sie möchten genau die Person sein, die Sie sein sollen.

In der alten asiatischen Philosophie ist das Leben kein Kreis, sondern eine Spirale. Jede Lehrstunde, die Ihnen das Leben jemals erteilt hat (das heißt, alles, was Sie jemals durchgemacht haben), wird Ihnen in irgendeiner Form wieder begegnen, bis Sie Ihre Lektion gelernt haben. Und jedes Mal steht mehr auf dem Spiel. Was Sie gelernt haben, wird reichere Früchte tragen. Was Sie nicht gelernt haben, wird härtere Konsequenzen nach sich ziehen.

Was vor diesem Zeitpunkt in Ihrem Leben nicht funktionierte, war Ausdruck dessen, dass Sie die verschiedenen Anteile Ihres Selbst nicht integriert hatten. Wo Sie sich selbst noch nicht akzeptiert hatten, zogen Sie die mangelnde Akzeptanz anderer auf sich. Wo Sie sich nicht mit Ihren Schattenseiten auseinandergesetzt hatten, sorgten Sie für undurchschaubare Situationen. Verletzte Anteile Ihres Selbst begegneten den verletzten Anteilen anderer Menschen. Aber jetzt wissen Sie Bescheid! Das war früher, und jetzt kann es anders sein.

Die Lebensmitte ist unsere zweite Chance. Wenn Sie die Jahre, die Ihnen bleiben, dazu nutzen wollen, die Dramen Ihrer Vergangenheit immer wieder neu zu inszenieren, dann können Sie das natürlich tun. Sie werden das alte Drehbuch ohnehin wieder auf den Tisch bekommen, damit Sie es noch einmal durcharbeiten. Das ist immer so. Sie können das Drehbuch aber auch nehmen und es zu einem Kassenschlager umschreiben, Ihren Stoff absolut im Griff haben und Ihr Stück auf eine Weise beschließen, die allen den Atem raubt.

Vielleicht spielt es dieses Mal in einer anderen Stadt, und die beteiligten Figuren sind vielleicht ebenfalls andere. Im Wesentlichen aber ist es dieselbe Geschichte. Ob Sie beim letzten Mal schon reif waren für Ihre Hauptrolle, ist eine andere Sache. Ob Sie sich damals in einer Weise verhielten, die Ihnen neue Möglichkeiten eröffnete, die Sie optimal nutzen konnten, ist ebenfalls eine andere Sache. Die Tatsache jedoch, dass Sie überhaupt jemals Möglichkeiten hatten, bedeutet, dass sie in Ihrem Drehbuch stehen. Jetzt werden Sie – dank aufrichtigem Bedauern, Demut und dem ehrlichen Wunsch, Ihre Sache dort, wo Sie zuvor vielleicht eher ungut agiert haben, gut zu machen – dieselben Chancen wieder bekommen, nur in anderer Form. Ein allbarmherziger Gott schickt sie Ihnen noch einmal, und zwar so gestaltet, dass sie Ihnen und anderen Menschen jetzt zu noch größerem Nutzen gereichen können.

Seien Sie achtsam, wenn Sie Ihr Drehbuch umschreiben. Die Figur, die für Sie steht, sollte nicht sagen »Ich bin schon zu alt«, sondern »Ich fange gerade erst an«. Aus »Ich bin dafür zu schwach« könnte »Ich bin jetzt stark« werden. Statt »Schuld an dem, was mir widerfahren ist, sind nur die anderen«, könnte es heißen »Ich entscheide mich dafür, ihnen zu vergeben«. Aus »Was habe ich davon?« kann werden »Welchen Beitrag kann ich leisten?«. Und aus »Was will ich eigentlich tun?« könnte »Lieber Gott, was möchtest du, dass ich tue?« werden. Mit jedem neuen Gedanken können Sie ein Wunder bewirken – und damit Ihr Drehbuch ebenso ändern wie Ihr Leben.

Lieber Gott,
ich möchte mein Leben ändern,
und deshalb, lieber Gott,
ändere mich.
Befreie meinen Geist von allem Urteilen
und mein Herz von aller Angst.
Löse die Ketten, die mich fesseln,
damit mein wahres Selbst frei werden kann.
Amen

Ich erinnere mich noch gut an ein Restaurant, in dem meine Eltern gerne mit mir essen gingen, als ich noch ein Kind war. Abends herrschte im Garten hinter dem Haus mit seinen vielen Glaskugeln und bunten Lichtern eine geradezu magische Atmosphäre. Ich war überzeugt, dass Wesen aus einer anderen Welt um den Brunnen herumsprangen, und während die anderen am Tisch aßen und sich unterhielten, sah ich wie hypnotisiert aus dem Fenster. Da draußen spielten sich ganze Dramen ab, Szenen aus einem Märchenland auf einer Bühne aus Licht, die nur ich allein sehen konnte.
Heute, Jahrzehnte später, habe ich das Bild immer noch vor Augen.
Als Kinder liebten wir solche Sachen, aber dann wurden wir größer, und man sagte uns, das sei doch alles bloß Einbildung, nichts für große Mädchen oder Jungen. Wir wurden in eine entzauberte Welt gezwungen, und wir mussten eine Menge opfern, um in ihr leben zu können. Die Welt steht nicht besser da, seit sie ihren Zauber eingebüßt hat. Die Engherzigkeit und der Zynismus unserer Zeit, der reflexartige Sarkasmus, der als

intelligente Reflexion gilt, das allgegenwärtige Misstrauen und die Kritik an allem und jedem – das sind die destruktiven Begleiterscheinungen einer entzauberten Weltsicht.

Viele von uns wollen aus diesem Kreislauf des Leidens heraus. Wir wollen nicht akzeptieren, dass das, was ist, auch so sein muss. Wir möchten den Schleier der Illusion zerreißen, der uns von einer Welt der unendlichen Möglichkeiten trennt. Wir möchten ein anderes Leben – für uns selbst und für die Welt –, und der Hunger danach wird mit zunehmendem Alter immer größer.

In mittleren Jahren stehen wir an einer Gabelung unseres Lebenswegs: Entweder wir akzeptieren die moderne materialistische Weltsicht und machen einfach weiter wie gehabt, bis wir eines Tages tot umfallen, oder wir sind der Meinung, dass unser Besuch in der entzauberten Welt einfach ein Irrtum war – die archetypische Verbannung aus dem Garten Eden – und wir jetzt, wenn wir wollen, in einen Garten zurückkehren können, der zumindest einigermaßen Ähnlichkeit mit diesem Garten Eden hat. Vielleicht war der Zauber unserer kindlichen Weltsicht gar nicht so sehr Phantasie als vielmehr eine nicht gänzlich verlorene Realität, die wir uns noch zurückerobern können. Vielleicht gibt es ein Tor zu wundersamen Gefilden, das nur darauf wartet, aufgestoßen zu werden.

Wir können zumindest in Betracht ziehen, dass es einen anderen Weg geben könnte.

Die heutige Zeit ähnelt in vieler Hinsicht der Antike, als Menschen, die das »alte« Wissen in sich trugen, von der sich ausbreitenden frühchristlichen Kirche überrannt wurden. Heute ist es nicht mehr die Kirche, die uns klein hält – oder irgendeine andere Institution; es ist schlicht eine falsche Weltsicht, ein vielköpfiges Monster, das eine Welt fordert, in der die Kräfte der Seele nebensächlich sind. Egal, welche Form dieses unterdrückerische Monster annimmt oder woher es kommt: Entscheidend ist allein, dass Sie glauben können, was immer Sie glauben wollen. Und was Sie glauben, wird für Sie auch wahr sein.

Wir haben eine Gehirnwäsche erfahren, sind in die Irre geführt worden von den Vorurteilen der modernen Zeit. Eine rein rationalistische, mechanistische Weltsicht hat mehrere Farben aus dem Farbkreis getilgt und dann verkündet, jetzt sei die Sicht viel klarer. Sie hat manche Bereiche unseres Gehirns leistungsfähiger gemacht, aber gleichzeitig andere damit geschwächt. Inzwischen kennen wir uns in manchen Gebieten – vom Weltall bis zum winzigen Atom – ziemlich gut aus, aber über das Paralleluniversum unseres inneren Selbst wissen wir nur sehr wenig. Und wie soll man sich auf einem Terrain bewegen, das wahrzunehmen man sich weigert?

Wenn Sie glauben möchten, dass das, was Ihre physischen Augen sehen, alles ist, was es gibt – gut, weiter so! Begnügen Sie sich mit diesem kleinen Bruchteil der wahrnehmbaren Realität, wenn Ihnen das lieber ist. Irgendwann aber – selbst wenn es erst an der Schwelle des Todes ist – wissen wir es alle besser. Ich habe erlebt, wie Zyniker auf dem Sterbebett zu Mystikern wurden. Wir sind hier wie in einem materiellen Traum gefangen, aus dem uns die spirituelle Stimme unserer höheren Wirklichkeit aufwecken möchte. Der Magier, der Alchemist, der Wunderheiler – sie alle sind sich lediglich der materiellen Täuschungen der Welt bewusst geworden und haben beschlossen, ein anderes Leben zu führen. Auch wenn die Welt verrückt geworden ist, können wir uns dafür entscheiden, geistig gesund zu sein.

Damit wir selbst – und unsere Zivilisation – in die nächste Phase unseres evolutionären Weges eintreten können, ist es an der Zeit, uns wieder verzaubern zu lassen. Der Zauberer Merlin war ein alter Mann mit einem langen weißen Bart. Er kam nicht als fertiger Zauberer auf die Welt, sondern reifte allmählich dazu heran. Und dieser Reifungsprozess muss, wie bei Ihnen und mir, Jahre gedauert haben. Die meisten von uns haben sich von diesem Wissen in ihrem Herzen entfernt, und was uns auf unseren Umwegen begegnet ist, hatte eine tiefe Bedeutung. Tatsächlich erweist sich das mystische Reich der Zauberer und Burgen, der kühnen Ritter und Drachen als eine reifere Interpretation unserer seelischen Entwicklung als alles, was die sogenannten Realisten uns jemals gelehrt – oder selbst erlebt – haben.

Kindermärchen sind wohl weniger Phantasie als unsere moderne Weltsicht.

In *Die Schöne und das Biest* wird ein wunderschöner Prinz in ein hässliches Tier verwandelt – bis ihn bedingungslose Liebe am Ende wieder zu dem werden lässt, der er wirklich ist. Tja, ich glaube, das habe ich schon ziemlich oft miterlebt.

Vor Jahren, als gerade mein erstes Buch erschienen war, erzählte mir mein Anwalt, mein Verleger habe mich in einem Gespräch als »spirituelle Lehrerin« bezeichnet, worauf er entgegnet hatte: »Das ist sie nicht! Sie schreibt

Bücher über Spiritualität, aber sie ist keine spirituelle Lehrerin!« Ich erinnere mich noch gut, dass ich am liebsten gesagt hätte: »Also, John, ich halte mich schon für eine spirituelle Lehrerin!«, es aber nicht getan habe aus Angst, unbescheiden zu erscheinen. Wer war ich denn, mir dergleichen anzumaßen? Doch in *Ein Kurs in Wundern* heißt es, dass wir erschaffen, wogegen wir uns wehren: Damit die Leute bloß nicht dachten, ich hielte mich für etwas Besonderes, verhielt ich mich in einer Weise, die genau das bewirkte.

»Ach, Sie halten mich also für spirituell? Na, dann passen Sie mal auf! Ich kann auch ganz schön bescheuert sein!« Weil ich meinte, ein solches Verhalten zeuge von Bescheidenheit, spaltete ich die Person, die ich war, wenn ich nicht arbeitete, von dem erleuchteteren Selbst ab, das ich ganz natürlicherweise war, wenn ich dasaß und mich mit Spiritualität beschäftigte. Das Ego verteidigt das »abgespaltene Selbst«, was zu einem Denken und folgerichtig zu einem Verhalten führt, das oft das »Gegenteil« unseres Selbst zum Ausdruck bringt. Und genau das tun wir oft in diesem Leben: Wir leben das Gegenteil unserer Wahrheit wie das Tier im Märchen, das in Wahrheit ein schöner Prinz war.

Wir hüpfen auf einer illusionären Bühne herum, agieren jede noch so klägliche Mini-Rolle aus, die das angstgesteuerte Ego uns in diesem tragischen Stück zuteilt, rasseln unseren Text herunter, ohne uns bewusst zu sein, dass dies gar nicht dem Drehbuch entspricht, mit dem wir in dieses Leben getreten sind. Tatsächlich wurde unser Drehbuch bei der Geburt verändert – wir spielen eine Rolle, die nicht unsere Rolle ist, und sprechen einen Text, der nicht unser Text ist.

Das Ego wehrt sich nicht nur dagegen, dass wir unser wahres Selbst zum Ausdruck bringen, sondern auch dagegen, dass wir bewusst wahrnehmen, was wir da tun. Unser Gegenteil wird zu der Persönlichkeit, von der wir – und alle anderen – glauben, dass sie unsere wirkliche ist. Und weil das Ego steuert, wie wir uns selbst darstellen, stimmt uns die Welt schließlich zu, dass wir natürlich genau so sind. Wir sind keine Prinzen mehr, sondern hässliche Tiere. Damit stecken wir in einer doppelten Zwickmühle: zum einen, weil wir nicht als diejenigen erscheinen, die wir wirklich sind, und zum anderen, weil die Welt dieses Bild von uns übernimmt und uns danach beurteilt.

Erst als ich begriff, dass es keineswegs von Überheblichkeit, sondern von Bescheidenheit zeugt, wenn ich die Rolle, die ich in der Welt spiele, mit Anstand und Würde annehme, konnte ich den Anteil meines Selbst loslassen, der ständig meinte, diese Rolle abwehren zu müssen.

In Demut anzunehmen, dass Gott jedem von uns eine großartige Rolle auf Erden zugedacht hat, einfach weil wir Menschen sind; dass wir mit einem vollkommenen, unserer Seele gewissermaßen eingeschriebenen Skript geboren wurden; dass es nicht zu unserem persönlichen Verdienst, sondern zu Seinem Ruhm gereicht, dass jeder von uns großartig ist – das sind die Wahrheiten, die uns von den Lügen des Ego befreien. Mystische Erkenntnis ist ein Lichtstrahl, ein Kuss Gottes, der uns in den Menschen zurückverwandelt, der wir wirklich sind. Jeder kann die Last seines falschen Selbst ablegen und sein wahres Selbst wieder zum Vorschein kommen lassen.

Die Welt, in der wir heute leben – sie spiegelt in vielerlei

Hinsicht das Gegenteil unserer Güte und Liebe –, erinnert uns daran, wie enorm wichtig es ist, den Bann zu brechen, unter dem die Menschheit steht, und uns unser strahlendes Selbst zurückzuholen. Unsere innere Güte – ob wir sie »Christus« oder »Seele« nennen oder mit irgendeinem anderen Wort bezeichnen, das die spirituelle Essenz beschreibt, die in unseren weltlichen Kampfzonen so gar nicht zu Hause ist – ist der einzige Ort, an dem wir jemals sicher sein werden. Die Außenwelt ist nicht unser wahres Zuhause. Unser Ein und Alles, das ist die Innenwelt. Und bis wir wieder zu ihr finden, wird unsere Außenwelt ein Ort des Leidens für alle Menschen sein.

Meine träumerische und mystische Seite als Kind fand nicht oft Akzeptanz innerhalb meiner Familie oder Unterstützung in der Schule – ein Problem, auf das ich reagierte, indem ich mein Selbst psychisch abspaltete; so reagieren übrigens die meisten Menschen auf den Stress, sich an einem Ort wiederzufinden, der ihr Zuhause sein soll, es aber in Wahrheit nicht ist. Ich spaltete mein wahres geistiges Selbst ab, und meine Psyche brach in zwei Teile wie ein kaputter Zahn. Mein Geist zog sich auf eine Ebene hoch über mir zurück, wie auf ein Regalbrett, wo er für mich selber erreichbar blieb, der Spott der anderen ihn aber hoffentlich nicht treffen würde. Was bedeutet, dass ich meinen Geist, so gut ich es als Kind konnte, zur sicheren Verwahrung in Gottes Hände gab.

Ich weiß noch gut, dass eine meiner besten Kindheitsfreundinnen in einem Haus lebte, in dem die Gästetoilette mit einer Bildtapete ausgestattet war. Sie zeigte zwei Engelchen, die auf einer Wolke lagen und in Handspiegel blickten. Und diese Toilette wurde für mich zu einer Art Kapelle. Ich ließ mir alle möglichen Ausreden einfallen, nur um dorthin gehen und zu den Engelchen hinaufschauen zu können. Es kam mir vor, als erzählte mir diese Bildtapete von einem Ort, an dem ich gewesen war und an den ich mich zurücksehnte. Und ich fragte mich, ob die anderen auch sahen, was ich sehen konnte, dort an der Wand meiner Sixtinischen Kapelle im Elternhaus meiner Freundin.

Wie klein viele von uns doch waren, als wir uns psychisch aus unserem Zuhause verstoßen fühlten. Aus dem Gefühl des Ausgestoßenseins heraus schufen wir gemeinsam eine Welt, von der wir tatsächlich vertrieben werden, wenn wir nicht etwas ändern. Und der einzige Weg zur grundsätzlichen Heilung in einer Situation, in der die Menschheit sich ständig am Rand aller möglichen Katastrophen bewegt, ist, die ursprüngliche Abspaltung des Menschen, der wir wirklich sind, von dem, der wir geworden sind, zu beseitigen.

Um es mit den Worten des Dichters T. S. Eliot zu sagen:

Wir lassen nie vom Suchen ab, und doch,
am Ende unseres Suchens,
sind wir am Ausgangspunkt zurück
und werden diesen Ort zum ersten Mal
erfassen.

Jedes Leben ist ein Mikrokosmos im großen globalen Drama. Wenn wir alle zu der Wahrheit in unserem Herzen zurückkehren, werden wir frei für höchste Kreativität und Intelligenz. Dadurch eröffnen sich Wege zur Wiedergutmachung, wie unser vergänglicher Verstand sie sich nicht einmal vorstellen kann. Und sie werden uns dazu führen, dass wir mit Gott eine verwandelte Erfahrung des Lebens auf der Erde erschaffen. Wieder im Einklang mit uns selbst, werden wir die ganze Welt in Einklang bringen. Und Himmel und Erde werden eins sein.

Nachdem ich mich seit dreißig Jahren mit *Ein Kurs in Wundern* beschäftige und wirklich Tausende von Vorträgen dazu gehalten habe, dachte ich eines Tages, als ich meine Meditation beendet hatte: »Jetzt bin ich eine fortgeschrittene Studentin des Kurses!« Studentin, wohlgemerkt, nicht Expertin. Und ich habe dafür dreißig Jahre gebraucht.

Warum dauert es so lange, bis man spirituelles Wissen verarbeitet? Sinnsuche liegt momentan ja sehr im Trend, und man könnte meinen, ein oder zwei Jahre in einem Aschram müssten genügen, um – schwuppdiwupp – den Gipfel der Erleuchtung zu erreichen. Aber meiner Erfahrung nach läuft es anders. Es dauert ein Jahrzehnt, bis man die spirituellen Prinzipien im Grundsatz verstanden hat, ein weiteres Jahrzehnt, in dem das Ego versucht, Hackfleisch aus einem zu machen, ein weiteres Jahrzehnt, in dem man mit dem Ego kämpft, und dann endlich beginnt man mehr oder weniger »im Licht zu wandeln«. Wer glaubt, es sei einfach, einen spirituellen Weg zu gehen, hat es wahrscheinlich noch nie versucht. Was bedeutet das alles: das Licht umarmen, im Licht wandeln, und so weiter? Was hat es mit diesem Licht, Licht, Licht auf sich? In *Ein Kurs in Wundern* wird Licht als »Erkenntnis« definiert. Was für ein schöner Gedanke: »das Licht sehen« heißt »erkennen«.

In der Lebensmitte sind wir normalerweise bewusst genug, um zu erkennen, welche unserer Probleme die meiste Aufmerksamkeit erfordern. Wir kennen inzwischen unsere Stärken, aber auch unsere Schwächen. Wir wissen, auf welche Seiten an uns wir stolz sein können und welche wir ändern sollten. Wir wissen, welche in dieser Lebensphase unsere Themen sind. Die Lebensmitte ist vielleicht weniger eine Zeit, in der wir Neues über uns erfahren, als vielmehr ein tieferes Verständnis dessen erlangen, was wir bereits wissen. Und neue Ebenen der Selbsterkenntnis bringen neue Chancen für einen Durchbruch.

Jetzt ist nicht die Zeit, mit der Arbeit an uns selbst aufzuhören, denn jetzt haben wir endlich genug Hinweise gesammelt, um die Nuss zu knacken und das Rätsel zu lösen, warum und wie wir uns selber so lange in Fesseln gelegt haben. Jetzt ist nicht die Zeit, aufzugeben und zu sagen: »Ich bin eben so. Es ist zu spät, etwas zu ändern.« Ganz im Gegenteil: Jetzt ist die Zeit, ein für alle Mal Stellung zu beziehen, für sein eigenes Potenzial einzustehen. Machen Sie sich keine Gedanken darüber, dass Sie so lange gebraucht haben, um an diesen Punkt zu kommen. Das ist bei allen anderen genauso. Wir wissen nichts, bis wir alle Aspekte erkannt haben, in denen wir nicht so sind, wie wir sein sollten. Erst dann haben wir eine Chance, der Mensch zu werden, der wir sein wollten, als den Gott uns haben wollte, vom Tag unserer Geburt an.

Schon darum sind diese Jahre heilig.

Man kann sich eigentlich kein Leben aufbauen, wenn man nicht all die im Laufe der Zeit gewonnenen Erkenntnisse über sich selbst miteinander verknüpft. Und

das Leben wäre grausam, wenn es sich genau dann, wenn man endlich dahintergekommen ist, wer man ist, gewissermaßen in seine Einzelteile auflösen würde. So wie Heranwachsende sich von ihren Eltern lösen müssen, müssen Sie sich von der Person lösen, die Sie bis zu diesem Zeitpunkt waren, in dem Maße, wie diese Person nicht Ihrem wahren Selbst entsprach.
Indem wir herausfinden, wer wir nicht sind, beginnen wir mit der Zeit endlich zu begreifen, wer wir wirklich sind.

Lieber Gott,
bitte mache mein Herz weich,
wo es sich verhärtet hat.
Bitte hilf mir, ein Denken
auf einer höheren Ebene anzustreben.
Bitte bereite den Weg
zu einem besseren Leben
für mich und die ganze Welt.
Amen

Diejenigen unter uns, die den Großteil ihres Lebens – mit seinen schlechten wie guten Seiten – schon gelebt haben, wissen besser, wie sich das Untier aus Chaos und Verwirrung zähmen lässt. Wir haben einiges an Lehrgeld für die Erkenntnis bezahlt, dass die Finsternis der Welt eine Spiegelung der Finsternis in uns selbst ist. Wir werden dieses Untier der Welt zähmen lernen, indem wir es in uns selbst zähmen.
Als junger Mensch verfügt man über Kraft im physischen Sinn. Diese jugendliche Kraft hat man nicht so

sehr sich selbst zu verdanken, vielmehr ist sie uns von der Natur zum Geschenk gegeben. Sie dient einer Funktion, die speziell den jungen Menschen zukommt: sich fortzupflanzen und äußere Strukturen zur Absicherung der materiellen Bedürfnisse aufzubauen.

Wenn unsere körperliche Kraft mit der Zeit abnimmt, kann sie durch spirituelle Kraft ausgeglichen werden. Im Gegensatz zu unserer jugendlichen Muskelkraft aber wird uns die spirituelle Kraft nicht einfach geschenkt; man muss sie sich verdienen. Und oft verdient man sie sich durch seelisches Leid. Dies ist jedoch kein Fehler im Plan der Natur, sondern eine kluge Einsparung. Unsere physischen Muskeln können uns das emotionale Leid der Welt nicht tragen helfen – das kann nur eine spirituelle Muskulatur, die wir durch immer wieder durchlebten seelischen Schmerz aufgebaut haben.

Als reife Menschen tragen wir eine einzigartige spirituelle Ressource in uns. Weil wir die Finsternis in uns selbst und in anderen gesehen haben, können wir das Licht mit mehr Demut betrachten. Weil wir aus der Finsternis herausgeholt worden sind, haben wir Ergebenheit entwickelt gegenüber Gott, der uns erlöst hat. Weil wir echte Fehler gemacht haben, wissen wir, wie viel es bedeutet, Vergebung zu erlangen. Weil wir gelitten haben, empfinden wir mehr Mitgefühl für menschliches Leid. All diese Dinge sind keine bloßen Abstraktionen mehr für uns; es sind Grundsätze, die uns in Fleisch und Blut übergegangen sind. Wir sind jetzt auf mancherlei Weise stark, wie wir es früher nicht hätten sein können. Und unsere Stärke wird gebraucht. Wir treten ein in eine Zeit, in der unsere inneren Kräfte, mehr als unsere äußeren, für uns selbst und andere wichtige Grundlagen zur Erneuerung und Heilung sein werden.

Welche Kräfte wir mit fortschreitendem Alter auch einbüßen mögen, sie sind klein im Vergleich zu den Kräften, die wir erlangen können. Es ist zutiefst befriedigend, etwas Bedeutungsloses endlich aufzugeben, und das aus keinem anderen Grund, als dass wir es bis zum Letzten ausgeschöpft haben und jetzt bereit sind, unseren Weg fortzusetzen. In der Lebensmitte geht es darum, sich von Dingen zu trennen, die keine Bedeutung mehr haben, nicht weil unser Leben im Niedergang begriffen wäre, sondern weil es sich im Aufstieg befindet. Auf dem Weg nach oben lassen wir einfach einen Teil unseres Gepäcks zurück. Vielleicht liegt in dem, was uns jetzt geschieht, mehr natürliche Weisheit, als wir denken. Kann es sein, dass von all den Dingen, an die wir uns nicht erinnern, das eine oder andere vollkommen unwichtig ist? Könnte es sein, dass die Natur uns weniger darum bittet, als uns vielmehr geradezu auffordert, unser Leben zu vereinfachen? Wenn wir in Frieden alt werden wollen, gibt es nur einen Weg: dass wir respektieren, was diese Erfahrung von uns fordert.

Fast ist es mir peinlich, es zuzugeben, aber manchmal ist es richtig befreiend, endlich langsamer machen zu können. Denn man erkennt: »Langsamer« heißt nicht unbedingt »schlechter«. Das hohe Tempo unserer früheren Jahre war nicht so konstruktiv, wie es den Anschein hatte. Dadurch, dass wir zu schnell unterwegs waren, ist uns vieles entgangen. Viele große Fehler wären wohl nicht gemacht worden, wenn wir uns mehr Zeit gelassen hätten.

Ich erinnere mich noch gut, wie ich als Jugendliche das

Lied von Otis Redding, *Sitting on the Dock of the Bay*, hörte und mich bei der Zeile »Sitting here resting my bones …« fragte: Wer muss denn seine Knochen ausruhen? Inzwischen weiß ich es natürlich. Und als ich mich eines Tages dabei ertappte, dass ich einfach nur dasaß und meine Knochen ausruhte, bekam ich Panik. Jetzt ist wirklich alles vorbei, dachte ich, wenn schon meine Knochen müde sind! Doch dann erkannte ich, als wäre es ein schmutziges Geheimnis: Ich genoss es, einfach nur dazusitzen. Ich war nicht in einem buddhistischen Retreat und *versuchte* zu genießen, dass ich einfach nur dasaß. Ich genoss es *wirklich!* Ich genoss die körperliche Erfahrung des Gewiegt-Werdens in einem Schaukelstuhl in einer Weise, die ich nie für möglich gehalten hätte. (»Oh, diese Dinger helfen einem tatsächlich! Wer hätte das gedacht?«) Ich verspürte kein Bedürfnis, aufzustehen, irgendwo hinzugehen oder überhaupt etwas zu tun. Weniger Adrenalin im Blut bedeutet auch weniger Ablenkung. Ich verspürte kein Bedürfnis, meine Existenz durch irgendeine Leistung oder Verrichtung zu rechtfertigen. Und das war der Augenblick, in dem ich erkannte: Es ist ganz anders, aber es ist nicht schlecht.

Manchmal, wenn es den Anschein hat, als hätten wir etwas verloren, war es einfach an der Zeit, es hinter uns zu lassen. Vielleicht lässt unser System einfach etwas los, weil wir eine Erfahrung durchlebt haben und sie nun nicht mehr benötigen. Ein Freund von mir saß einmal mit einem Paar zusammen, mit dem er in den 1960er Jahren heftig und ausgiebig gefeiert hatte. Gegen zehn Uhr abends kam die etwa zwanzigjährige Tochter der beiden nach Hause und meinte: »Gott, was seid ihr für Langweiler! Nie geht ihr aus!« Worauf die drei im Chor erwiderten: »Wir waren aus, jetzt bleiben wir zu Hause!«

Der Geist ist eine besondere Art von Tanzfläche. Was wir, die wir jetzt in der Lebensmitte stehen, von unserem Schaukelstuhl aus tun können, könnte sich im wahrsten Sinne des Wortes als weltbewegend erweisen. Wenn die Arbeit des Bewusstseins tatsächlich die höchste und kreativste Arbeit ist, dann tun wir nicht weniger, wenn wir langsamer machen – wir tun mehr. Weil wir physisch heruntergeschaltet haben, können wir unsere psychische Energie intensivieren. Wir werden kontemplativ. Wir ziehen uns von der Außenwelt in die Innenwelt zurück – nicht als Vorbereitung auf unser Ableben, sondern um den Boden zu bereiten, damit auf unserem Planeten ein neues Bewusstsein wachsen kann. Und genau das geschieht jetzt: Wir machen langsamer, um tiefer zu gehen, um in Richtung der dringend notwendigen Veränderung schneller voranzukommen.

Lieber Gott,
wenn ich ruhe,
lass mich in dir ruhen.
Ich lege meinen Geist in deine Hände,
damit er erneuert werde.
Endlich bin ich bereit
zur Veränderung.
Amen

Für das Ego bedeutet Vereinfachung, weniger zu haben; für den Geist bedeutet Vereinfachung, mehr zu haben.

Jeder Überfluss an materiellen Dingen bedeutet eine Einschränkung der geistigen Erfahrung. Ob Sie bei sich zu Hause ausmisten oder ungute Beziehungen beenden: Alles, was Sie tun, um materiellen Ballast loszuwerden, macht es der Seele leichter, sich in ihren natürlichen Zustand zu erheben. Deshalb ist es auch oft so, dass wir, je mehr wir unsere Spiritualität entfalten, vieles loszulassen beginnen.

Es gehört zum Älterwerden, dass wir vieles loslassen müssen – einen Teil unserer körperlichen Leistungsfähigkeit vielleicht, oder bestimmte Lebenschancen, oder unsere Kinder, die ihr eigenes Leben leben wollen. Doch dieses Loslassen soll kein schmerzliches Opfer an Glück sein. Jedes Mal, wenn wir gefordert sind, etwas loszulassen, steckt in dieser Erfahrung ein verborgener Schatz. Es kann nichts Neues entstehen, wenn nicht etwas Altes stirbt.

Ehe Sie ein Kind haben, sind Sie in einer Weise frei von Sorgen, wie Sie es niemals mehr sein werden. Aber wenn Sie eines haben, erleben Sie eine Befriedigung, wie Sie sie noch nie haben erleben können. Und an genau diesem Punkt steht unsere Generation jetzt. Wir sind nicht mehr frei von Sorgen, aber dafür sind wir etwas anderes. Wir sind erwachsen geworden, im allertiefsten Sinn, und das ist psychisches Neuland.

Sie können sich nicht an den genauen Tag erinnern, an dem Sie die Grenze zwischen dem Menschen, der Sie waren, und dem, der Sie jetzt sind, überschritten haben, aber Sie haben es mit Sicherheit getan. Die Leichtigkeit Ihrer Jugend mag verschwunden sein, aber das gilt auch für das Leid Ihrer Jugend. Reife Angst ist besser als jugendliche Angst, irgendwie weniger quälerisch. Sie wissen jetzt zu viel, als dass Sie entweder nur lachen oder nur weinen könnten, wie es früher der Fall war. Sie sehen die Dinge aus einem anderen Blickwinkel, und mit diesem neuen Blickwinkel hat sich ein neues Selbstgefühl eingestellt. Sie sind, auf einer ganz essenziellen Ebene, als neuer Mensch geboren worden.

Wenig im Leben ist befriedigender als das Gefühl, endlich ganz man selbst zu sein. Man muss nicht mehr Angst haben, dass irgendein Teil des Selbst, der noch nicht in die Persönlichkeit integriert ist, einem ein Bein stellt. Endlich hat man das Gefühl, in sich selbst zu Hause zu sein. Man ist gewissermaßen in alle Zimmer gegangen, hat die Lampen angeschaltet und sich eingelebt.

Es ist doch interessant, dass der Geist sich gerade dann zu öffnen beginnt, wenn der Körper allmählich abbaut. Den Körper altern zu sehen ist sehr demütigend. Der Entwicklungsbogen des Menschen ist in unseren Genen angelegt: Unsere Knochen und Muskeln, unsere Fortpflanzungs- und anderen Organe, sie alle schalten in der Lebensmitte in einen anderen Modus um, nehmen unmissverständlich Kurs auf den hoffentlich noch fernen, aber doch sicheren Tod. Doch wir können viel tun, um den Körper zu aktivieren – unter anderem, indem wir unseren Geist aktivieren. Wir können die Kräfte des Todes in vielerlei Weise in ein erneuertes und geheiligtes Leben verwandeln.

Wir sollten unseren Körper nicht als etwas behandeln, das uns immer mehr im Stich lässt, sondern als Partner bei unserer Wiedergeburt. Wenn wir uns ausschließlich mit der materiellen Welt identifizieren, dann schleicht sich das Alter bei uns ein wie ein ungebetener Gast, der sich auf Dauer bei uns einnisten will. Wenn wir uns aber auch mit unserer spirituellen Existenz identifizieren, dann wandelt sich unsere Einstellung gegenüber dem Körper, wir lernen ihn mit großer Dankbarkeit wertzuschätzen. Schließlich ist er die Heimstatt unseres Geistes. Wenn wir joggen, Rad fahren, Yoga machen, Gewichte stemmen, uns vernünftig ernähren, Heilkräuter und Vitamine zu uns nehmen oder auf welche Weise auch immer unserem Körper Gutes tun, zögern wir nicht einfach nur den Tod hinaus, wir erhalten das Leben aufrecht. Mit jeder Bewegung, die den Körper fordert, fordern wir auch den Geist. Mit jeder Übung, die den Geist fordert, fordern wir auch den Körper. Und jedes Mal tun wir etwas dafür, dass beide sich erneuern.

Der spirituellen Literatur zufolge behalten wir unseren Körper, solange es der Funktion der Seele dient, dass wir in ihm bleiben. Als junge Frau habe ich meinen Körper als ganz selbstverständlich angesehen. Jetzt, in mittleren Jahren, bin ich ihm dankbar dafür, wie gut er funktioniert, und Gott, dass er ihn mir gegeben hat.

Interessanterweise scheint sich unser Gefühl für den Wert einer Sache drastisch zu verändern, wenn wir weniger davon haben – weniger Energie, weniger Zeit, weniger was auch immer. Der Körper ist letztlich ein Wunderwerk. Mir scheint, wir sollten in unseren späteren Jahren eine größere Bereitschaft entwickeln, ihn liebevoll und fürsorglich zu behandeln. Ihr Körper hat doch etwas liebevolle Zuwendung verdient nach allem, was er durchgemacht hat. Und Sie wahrscheinlich auch.

Lieber Gott,
heilige meinen Körper noch einmal,
damit er gesegnet sei.
Gib deinen Geist
in meinen Körper hinein.
Möge jede Zelle neues Leben erhalten
und mein physisches Selbst heil und ganz werden.
Amen

Kapitel 3

Der richtige Augenblick
für Veränderungen

$\mathcal{B}$is zur Lebensmitte haben Sie einige wichtige Erkenntnisse über sich selbst gewonnen. Jetzt heißt Ihre Aufgabe: dahinterkommen, was sie bedeuten.

Viele, wenn nicht die meisten unserer persönlichen Probleme haben ihren Ursprung in der Kindheit, insbesondere in unserer Herkunftsfamilie. Oft sind die ersten Jahre als junge Erwachsene die Zeit, in der wir ausbrechen; wir versuchen, unseren Problemen aus dem Weg zu gehen, indem wir unserer Familie aus dem Weg gehen. Bis wir schließlich erkennen, dass wir den Folgen dieses Probleme für unser ganzes Leben nur entgehen, indem wir uns ihnen frontal stellen.

Meine eigene Familie ist ein kompliziertes Puzzle mit einigen seltsam geformten psychologischen Teilen. Wenn ich mich aus irgendeinem Grund dort unwohl fühlte, habe ich jahrelang darauf reagiert, indem ich fortgezogen und nur alle paar Monate aufgetaucht bin, um kurz hallo zu sagen. Ich glaube, ich hätte es gar nicht anders machen können als der Mensch, der ich in jüngeren Jahren war. Weil ich jetzt aber in einer anderen Lebensphase stehe, erkenne ich, dass alles, was ich draußen in der Welt zu finden hoffte, alles, von dem ich glaubte, dass meine Familie es nicht besaß oder es mir nicht zeigen konnte, dort ziemlich genau vor meiner Nase lag, die ganze Zeit über.

In der Regel ist unsere Familie ein Mikrokosmos der Welt, der wir begegnen werden, ob wir nun weite Reisen unternehmen oder uns kaum von zu Hause fortbewegen. Die Lektionen unseres Lebens haben mit der Zerbrechlichkeit des menschlichen Herzens zu tun und mit der Würde des menschlichen Geistes; mit dem Leid, das Menschsein eben auch bedeutet, und den Kämpfen, solche leidvollen Erfahrungen zu bewältigen; mit der Freude und dem Lachen, wenn es unseren Kindern gutgeht; mit den Tränen und der Trauer, wenn die Liebe und das Leben vorbei sind. Ich hätte mein Elternhaus niemals verlassen müssen, um all diese Lektionen zu lernen. Aber wenn Sie mir das vor dreißig Jahren gesagt hätten, hätte ich Ihnen nicht geglaubt.

Ob Ihre Kindheit gut war oder nicht so gut, sie steckt Ihnen in den Knochen. Sie hat Ihrem Denken eine bestimmte Spur eingeprägt und damit Verhaltensweisen, die Ihr Leben jahrzehntelang bestimmt haben. Wenn Sie als Kind geschätzt wurden, haben Sie Menschen angezogen, die Sie schätzen. Wenn Sie als Kind nicht geschätzt wurden, haben Sie Menschen angezogen, die Sie nicht schätzen. Sie werden unbewusst zu Personen und Situationen hingezogen, die ziemlich genau das Drama Ihrer Kindheit spiegeln.

Oder, wie der Schriftsteller William Faulkner es formulierte: »Die Vergangenheit ist nicht tot. Sie ist nicht einmal vergangen.« Solange wir uns dem tieferen Drama unserer Vergangenheit nicht stellen, sind wir dazu verurteilt, es zu wiederholen. Je hartnäckiger wir unsere

Kindheitswunden ignorieren, desto mehr eitern sie, desto größer werden sie. Solange wir das Kind in uns, das wir waren, nicht heilen, hat der Erwachsene, der wir sein möchten, keine Chance.

Von unserem Kindheitsdrama können wir uns leichter befreien, wenn wir neu definieren, wessen Kind wir sind. Wir sind das Produkt unserer Herkunftsfamilie, so viel ist klar. Aber von wem stammen wir wirklich ab – sind wir sterblicher Abstammung oder unsterblicher? Das ist eine wichtige Frage, denn wir erben die Reichtümer von wem immer wir glauben, dass wir ihm unsere Existenz verdanken. Wir mögen Einschränkungen und Angst von unseren sterblichen Eltern geerbt haben, doch wir haben Wunder und Liebe von Gott geerbt. Unsere irdischen Eltern mögen wunderbare oder schlechte Menschen gewesen sein, aber der wichtigere Punkt ist, dass nicht sie uns erschaffen haben.

Solange wir glauben, dass wir unsere Existenz im Grunde unseren biologischen Eltern verdanken, werden wir das Bedürfnis verspüren, uns von ihnen zu distanzieren, weil wir auf irgendeiner Ebene wissen, dass dies nicht stimmt. Wenn wir erkennen, dass unsere Eltern in Wirklichkeit einfach verwandte Seelen sind, die uns ein wunderbares Geschenk damit gemacht haben, dass sie uns auf diese Welt brachten, sich dann (hoffentlich) nach Kräften bemühten, gut für uns zu sorgen und uns richtig großzuziehen, wird uns bewusst, wie viel wir ihnen verdanken. Wenn wir begreifen, dass Gott unser wahrer Vater/unsere wahre Mutter ist und die gesamte Menschheit unsere Brüder und Schwestern sind, führt uns dies nicht dazu, dass wir unserer biologischen Familie weniger Respekt entgegenbringen, sondern im Gegenteil dazu, dass wir sie mehr respektieren. Das tiefere Wissen darum, welche Stellung diese Menschen in unserem Leben haben – und welche nicht –, macht uns frei für eine größere Liebe zu ihnen.

Viele Menschen erleben heutzutage keine richtige Abnabelung von ihren Eltern mehr, ihre Kindheit hat sie psychisch noch im Griff, wenn sie äußerlich schon längst erwachsen sind. Vielleicht schafft man sich mangels gesunder Übergangsrituale unbewusst irgendwelche wenn auch noch so schmerzlichen Dramen, die einen zu einer erwachseneren Lebensweise zwingen.

Heute wird uns allen abverlangt, erwachsen zu werden. Als einzelne Person wie als menschliche Gemeinschaft insgesamt sind wir vom Universum herausgefordert, unsere Talente mit Mitgefühl einzusetzen, unsere Intelligenz mit Demut und unseren Verstand mit Weisheit. Die Gnadenfrist der Jugend ist für uns alle vorbei. Wir sind keine Kinder mehr. Wir sind jetzt in die erste Reihe gerückt.

Zum normalen Übergangsritual in der Lebensmitte gehört der gesundheitliche Verfall oder Tod unserer Eltern. Sie, die uns auf die Welt gebracht haben, sind normalerweise die Ersten, die diese Welt wieder verlassen. Sie haben uns willkommen geheißen, als wir uns einfanden, und nun, da sie in das nächste Stadium ihrer Seelenreise eintreten, müssen wir von ihnen Abschied nehmen.

In jüngeren Jahren war mir der Gedanke unerträglich, dass mein Vater sterben könnte. Gerade als junges Mädchen hat mich diese Angst ständig begleitet. Wie sollte ich weiterleben, wenn er nicht mehr da war? Doch die

Angst vor jemandes Tod ist oft viel schlimmer als die Gefühle, die uns bewegen, wenn es tatsächlich geschehen ist. Als mein Vater gestorben war, empfand ich dies als viel weniger schmerzhaft als die Angst, dass er sterben könnte. Ich hatte nie das Gefühl – weder beim Tod meines Vaters noch bei dem meiner Schwester –, dass meine unmittelbare Familie nun von fünf auf drei Mitglieder geschrumpft war. Vielmehr ist es, als hätte ich ein Foto mit fünf Menschen im Kopf, von denen zwei Negative sind. Aber das Bild ist dasselbe. Es ist immer noch meine Familie.

Mein Vater war ein sehr charismatischer Mensch, doch auch das hatte seine Schattenseiten, wie so oft im Leben. Wer von den anderen hatte eine Chance, im Familiendrama eine tragende Rolle zu spielen, wo er doch die Hauptfigur war? Ähnliches habe ich bei meiner Tochter festgestellt, in der Art, wie sie damit umgeht, dass ihre Mutter, sagen wir, nicht gerade zum Mauerblümchen-Dasein neigt. Ich hatte immer das Gefühl, dass sie schon in der vorsprachlichen Phase, in ihren ersten Lebenswochen und -monaten, eine Entscheidung traf. Sie konnte entweder Mama die Starrolle überlassen und für sich selbst die Statistenrolle akzeptieren. Oder sie konnte gleich im ersten Akt mit großem Trara auftreten und damit aller Welt klarmachen, dass sie auf jeden Fall mitzuspielen gedachte. Meine Tochter entschied sich für Letzteres, weiß Gott! Und ich sage: Gut für sie.

Damit meine ich, dass sie hoffentlich reichlich Gelegenheit haben wird, die Starrolle in ihrem eigenen Leben zu spielen, ehe ich mich aus dieser Welt verabschiede. Ich werde ihr mit Begeisterung applaudieren. Doch viele Menschen haben, wie ich selbst auch, nicht richtig Gelegenheit, in ihrem Leben der Star zu sein, ehe nicht zumindest ein Elternteil die Bühne verlassen hat. Deshalb hat die Natur es in ihrer offensichtlich unfehlbaren Weisheit so eingerichtet, dass in der Regel die Eltern zuerst sterben.

Erst wenn man der Generation angehört, die als nächste geht, spürt man das ganze Gewicht und die Macht der Tatsache, dass man im eigenen Leben die Hauptrolle spielt. Und obwohl es uns betrübt, dass unsere Eltern alt werden, und wir um sie trauern, wenn sie sterben, wissen wir doch auch – wie mein Vater oft zu mir sagte –, dass der Tod Teil eines größeren Geheimnisses ist. Wenn ich heute an ihn denke, lächle ich bei der Vorstellung, dass er kein alter Mann mehr ist. Jemand hat mir einmal gesagt, dass, wenn man stirbt, der Geist wieder fünfunddreißig Jahre jung wird. Natürlich ist es absurd zu glauben, dass jemand wirklich um diese Dinge weiß. Ähnlich wie die Frage: »Wenn ein geliebter Mensch wiedergeboren wird, bedeutet das, dass er nicht im Jenseits auf mich wartet?« Wer, bitte schön, soll das wissen! Ich glaube, es gibt eine Art mehrdimensionale Wirklichkeit, die es möglich macht, dass mein Vater in diesem Jahr als einer seiner Urenkel wiedergeboren wird und gleichzeitig in ein paar Jahren das Begrüßungskomitee für meine Mutter anführt. Es ist die Geschichte mit der »Gleichzeitigkeit«, die all diese Dinge möglich macht. Es gibt keine Zeit!

Wie dem auch sei, eines weiß ich sicher: Als er gestorben war, spürte ich meinen Vater. Ich hätte schwören können, dass er zu mir sagte, ganz langsam: »Ach, so bist du also!« Offensichtlich hatte er nicht alle Seiten von mir gesehen, während er noch bei uns war. Als er gegangen war, konnte er es, das spürte ich. Und ich spüre es heute noch. So viel er für mich als Vater auch tat, es hatte seine Grenzen, entsprechend seiner begrenzten Sicht auf mich. Doch sein Tod beendete unsere Beziehung nicht, wir sind einfach nur in ihre nächste Phase eingetreten. Und was er mir heute gibt, in der Klarheit seines Geistes, macht mehr als wett, was er mir nicht gegeben hat, während er bei uns auf der Erde weilte. Es war nicht so, dass mein Vater einfach alt wurde und dann starb. Letzten Endes wurde er nach seinem Tod sogar mehr zu dem, der er ist.

Und ich ebenso.

Lieber Gott,
bitte heile meine Beziehung zu meinen Eltern,
ob sie noch hier auf Erden sind
oder schon auf der anderen Seite.
Möge zwischen uns nur Liebe bleiben.
Möge ich nicht an ihren Schwächen zerbrechen,
sondern durch ihre Stärken gestärkt werden.
Mögen sie ihren Frieden gefunden haben,
und möge auch ich ihn finden.
Hilf mir, ihnen zu vergeben,
und bitte vergib auch mir.
Amen

In jungen Jahren begegnen wir unseren psychischen Drachen; in der Lebensmitte ist es an der Zeit, ihnen den Kopf abzuschlagen (falls sie dann immer noch herumlungern sollten). Es ist an der Zeit, uns ernsthaft darum zu kümmern, alle noch vorhandenen Wunden aus der Kindheit zu heilen. Sonst kann es keinen spirituellen Sieg geben.

Es ist nicht so schwer, sich von hergebrachten Denk- und Verhaltensmustern zu befreien, wie wir manchmal denken, sobald wir uns ehrlich eingestehen: erstens, welche Muster es sind, und zweitens, wer zu hundert Prozent für sie verantwortlich ist. Aus einer Wunde, die Ihnen irgendjemand vor Jahren beigebracht hat, ist inzwischen eine Charakterschwäche geworden, die ganz allein Ihre ist. Solange wir die Verantwortung für diese Schwächen nach außen projizieren, können wir nichts daran ändern. Wer auch immer Ihnen die Wunde zugefügt hat, wie viele Jahre es auch her sein mag, ihre Heilung liegt nicht in der Vergangenheit, sondern in der Gegenwart. Ihr Unterbewusstsein wird dafür sorgen, dass diese Wunde immer wieder aufreißt, solange es notwendig ist – ein Fünfzigjähriger, der das seelische Leid eines Fünfjährigen noch einmal durchlebt –, bis Sie zulassen, dass sie heilt.

Wenn es in der Bibel heißt, wir sollen beten wie die kleinen Kinder, dann bezieht sich das nicht nur auf den kindlichen Glauben, sondern auch auf das kindliche Leid. Das stärkste Mittel zur Heilung einer Wunde ist das Gebet zu Gott, sie von uns zu nehmen.

Die Heilung durch Gott ist nicht einfach etwas, das er *für* uns tut; es ist etwas, das er *durch* und *mit* uns tut. Nur wenn wir bereit sind, uns um höhere Formen des Denkens zu bemühen, haben wir die Kraft, niedrigere aufzuheben. Dieser Prozess ist größer und machtvoller als psychologische Erkenntnis. »Ich bin so bedürftig, weil meine Eltern mich im Stich gelassen haben; der richtige Partner wird das verstehen!«, ist eine Empfindung, die mit einer Erkenntnis beginnt, diese dann jedoch in eine Einschränkung umwandelt, anstatt uns zu befreien. Tatsächlich wäre Ihr idealer Partner in diesem Fall nicht jemand, der Ihre Bedürftigkeit »versteht« und darauf eingeht. Es wäre vielmehr ein Mensch, der liebevoll, aber nachdrücklich zu Ihnen sagt: »Überwinde sie!«

Wie sieht in einem solchen Fall die spirituelle Lösung aus? Sie besteht darin, um ein Wunder zu beten. »Lieber Gott, ich verhalte mich derart bedürftig, dass ich dadurch meine Beziehungen zerstöre. Bitte heile mich und zeige mir, wie ich anders sein kann.« Die Veränderung, die wir suchen, ist immer eine Veränderung in uns selbst.

Und die Veränderung wird kommen. Ich habe bei mir selbst bemerkt, dass, solange ich bereit bin, mich zu ändern, etwas oder jemand auftaucht, um mir zu zeigen, wie ich das machen kann. Das gesunde Verhaltensmuster, das Sie als Kind nie entwickeln konnten, weil Sie zu tief verletzt wurden oder traumatisiert waren, wird sich nach dem Vorbild eines Menschen gestalten, der in diesem speziellen Bereich als Kind unbeeinträchtigt geblieben ist. Scheinbar wie aus dem Nichts wird er (oder sie) eines Tages vor Ihnen stehen. Und langsam, aber sicher werden Sie lernen, sich so zu verhalten, wie Sie es sich gewünscht haben, aber aufgrund Ihrer seelischen Verletzung nicht konnten.

Veränderung ist das Motto, unter dem unsere Lebensmitte steht. Wir leben heute in einer Zeit riesiger Möglichkeiten, nicht nur was unser physisches Alter betrifft, sondern auch weltgeschichtlich. Es ist, als würde sich das Universum in zwei Teile spalten – und vielleicht tut es das auch. Diejenigen, die weiter den abwärtsführenden Weg der Dysfunktion, der Verantwortungslosigkeit und Anspruchshaltung, des Narzissmus, der Dominanz und der Angst verfolgen wollen, gehen auf die eine Seite; diejenigen, die zu den höchsten Entwicklungsmöglichkeiten des Lebens auf der Erde vorstoßen wollen, gehen auf die andere Seite. Wir können entscheiden, ob wir die Person, die wir bis jetzt waren, sterben lassen und fortan im Licht eines neuen Selbstgefühls stehen wollen.

Weder wir persönlich noch die Welt, in der wir leben, werden in unserem gegenwärtigen Zustand noch lange so weitermachen können wie bisher. Wir können den Menschen, der wir gewesen sind, entweder in Würde loslassen und zu immer mehr Transzendenz gelangen, oder wir können zornig loslassen, und unser Leben wird von Verbitterung und Verwirrung bestimmt werden. Jeder einzelne Moment ist eine Gelegenheit, alte Energien auszuatmen und neues Leben einzuatmen; Angst auszuatmen und Liebe einzuatmen; Kleinheit auszuatmen und Wesentlichkeit einzuatmen; Überheblichkeit auszuatmen und wahre Größe einzuatmen. Wiedergeburt ist ein Prozess, bei dem wir uns den Menschen, der wir wirklich sein wollen, Schritt für Schritt zu eigen machen und ihn willkommen heißen.

Sehen Sie sich Ihr Leben jetzt einmal genau an. Wenn Ihnen etwas daran nicht gefällt, schließen Sie die Augen und stellen sich das Leben vor, wie Sie es sich wünschen. Lassen Sie nun vor Ihrem geistigen Auge die Person erscheinen, die Sie wären, wenn Sie dieses bessere Leben führen würden, und konzentrieren Sie sich darauf. Nehmen Sie wahr, wie anders Sie sich verhalten und nach

außen darstellen; atmen Sie dieses neue Selbstbild einige Sekunden lang ein, füllen Sie diese neue Gestalt mit Ihrer Energie. Halten Sie das Bild einige Sekunden und bitten Sie Gott, es Ihrem Unterbewusstsein einzuprägen. Führen Sie diese Meditation jeden Tag etwa zehn Minuten lang durch.
Wenn Sie bestimmten Leuten von dieser Methode erzählen, werden Sie vermutlich zu hören bekommen, das sei doch viel zu simpel. An Ihnen allein liegt es, was Sie glauben.

Lieber Gott,
bitte präge mir
das Bild des Menschen ein, der ich sein soll.
Lass mich das Leben sehen,
das ich nach deinem Willen leben soll.
Befreie mich von den Kräften, die mich gefesselt
  halten,
damit ich dir besser dienen kann.
Amen

Ich glaube, die meisten von uns haben einen Traum, eine geheime Sehnsucht, von der wir niemandem erzählen aus Angst, ausgelacht zu werden. Doch der Traum bleibt in unserem Kopf als Bild, das niemals verschwindet.
Um die Lebensmitte beginnen Sie sich zu fragen, warum Sie dieses Bild immer noch im Kopf haben. Vielleicht ist es Ihr Schicksal, denken Sie, wie ein kleiner, doch kräftiger Sämling in Ihr Gehirn gepflanzt. Sie beginnen sich zu fragen, ob der Traum deshalb noch da ist,

weil Sie ihn leben sollen. Vielleicht versucht Ihr Unterbewusstsein Ihnen ja eine sehr wichtige Botschaft zu senden.

Bei meinen Vorträgen fragen die Leute oft: »Wann werde ich wissen, was ich mit meinem Leben anfangen soll?« Für mich persönlich stellt sich die Frage anders: Ich kann nur wissen, was ich tun soll, wenn ich mich darauf konzentriere, wer ich sein soll. Das heißt nicht, dass es nicht großartige Dinge gibt, die wir tun sollen, doch Gott kann nur für uns wirken in dem Maße, in dem er durch uns wirken kann. Unser Augenmerk darauf zu richten, der Mensch zu sein, als den er uns haben will, ist der einzig sichere Weg, uns jemals dem anzunähern, was wir nach seinem Willen tun sollen.

Wenn wir einmal ein bestimmtes Alter erreicht haben, gewichten wir unsere Erwartungen meist anders als früher. Wir erwarten weniger von der Welt, nachdem wir sie hautnah erlebt haben; wir wissen, dass niemand perfekt ist, auch wir selbst nicht. Und das lässt uns den Ort, an dem allein alles perfekt ist, umso mehr wertschätzen. Die Grandiosität des Egos nimmt ab, und die Größe des Geistes kommt endlich zum Vorschein. Wir haben die Welt kennengelernt und gesehen, dass sie voller Makel ist; wir haben endlich eine Ahnung von Gott und wissen, dass er frei von Makel ist. Diesen Gegensatz begriffen zu haben ist eine Vorbedingung dafür, dass wir zu ihm sagen können: »Bitte bediene dich meiner; ich bin dein.«

Der Teil Ihres Lebens, der vorbei ist, mit all seinen Freuden und seinen Tränen, war ein spirituelles Trainingslager, eine Zeit des Reifens für das Leben, das jetzt vor Ihnen liegt. Der heimliche Traum, den Sie schon so lange mit sich herumtragen, dessen Existenz Sie sogar vor sich selber leugnen, ist immer noch da und kann endlich verwirklicht werden.

Einige Male in meinem Leben habe ich eine Stimme in meinem Kopf gehört, so deutlich, als spräche jemand mit mir, der direkt neben mir steht. Einmal, in einer Zeit, die so düster war, dass ich dachte, ich würde sie nie überstehen, hörte ich die Worte: »Dies ist nicht das Ende. Es ist der Anfang.«

Und so war es.

Ein neues Leben lässt sich nicht strategisch planen, es entsteht aus dem Charakter heraus. Solange Sie sich dessen nicht bewusst sind, denken Sie vielleicht, dass Plänemachen, Blaupausen für die Zukunft anfertigen oder Ähnliches für den Weg, der vor Ihnen liegt, entscheidend ist. In Wahrheit aber sind die Schlüssel für ein gutes Gelingen in unserem Innern verborgen. Ihr Tun muss mit Ihrem Sein übereinstimmen, sonst werden selbst Ihre brillantesten Pläne scheitern.

In den letzten Jahren konnte man sehr gut beobachten, wie die Großen und Mächtigen in Geschäftswelt und Politik jäh zu Fall kamen – nicht weil ihre Pläne nicht aufgingen, sondern weil ihre charakterlichen Schwächen diese Pläne untergruben. Ob sie bei einer rassistischen Bemerkung ertappt wurden, weil ein Mikrophon versehentlich noch eingeschaltet war, oder ob ihre Gier über den gesunden Menschenverstand siegte; wer sie als Menschen waren, das machte den großen Unterschied aus. Es wog mehr als ihre Resümees, ihre Universitätsabschlüsse, ja sogar mehr als ihre früheren Erfolge. Wer in der Kunst des Menschseins und des Menschbleibens schei-

tert, beschwört leichtsinnig Unheil herauf. Doch wie
können wir uns in der Kunst des Menschseins üben? Wie
sieht die Anleitung zur Persönlichkeitsentwicklung aus?
Was ich gelernt habe – soweit ich in dieser Hinsicht erfolgreich war –, ist, dass man auf dem Weg des rechten
Lebens einen Schritt nach dem anderen tun muss. Ob
Sie sich im Leben als Idiot oder als Heiliger erweisen,
hat wenig mit Religion oder Theologie zu tun, sondern
vielmehr mit persönlicher Integrität. Nicht die bloße
religiöse Überzeugung ist es, die uns im Herzen verwandelt, denn sie kommt nicht aus dem Herzen. Es ist
auch nicht der Verstand, der diese Verwandlung bewirkt – wir erlangen sie durch Hingabe, Wahrhaftigkeit,
Vergebung, Vertrauen, Ehrlichkeit, Akzeptanz, Emp-
findsamkeit, Demut, Bereitwilligkeit, Vorurteilslosigkeit und andere charakterliche Werte, die gelernt und
immer wieder neu gelernt werden müssen.

In der Schule können wir den Unterricht schon mal
schwänzen, doch den Lektionen, die das Leben uns lehren will, entgehen wir nicht. Sie spüren uns von selbst
auf. Wenn eine Lektion gerade auf dem Lehrplan steht,
wir sie aber nicht lernen, dann wird sie im Universum
programmiert, so dass wir sie eben später lernen müssen. In *Ein Kurs in Wundern* heißt es, dass nicht wir
entscheiden, was wir lernen, sondern lediglich, ob wir
durch Freude oder durch Leid lernen.

In der Lebensmitte aber müssen wir lernen. Welche Ihrer
Anteile auch immer verhindern, dass Ihr höchstes, bestes
Selbst hervortritt – sie müssen jetzt einfach weichen. Und
das werden sie auch, auf die eine oder andere Weise.

Den Schmerz des persönlichen Wachstums zur Feuerprobe Ihres Geistes werden zu lassen, bei der das Metall

Ihres früheren Selbst sich in Gold verwandelt, ist eine der höchsten Aufgaben des Lebens. Schmerz kann Sie verbrennen und zerstören, oder er kann Sie verbrennen und erlösen. Er kann Sie in tiefe Verzweiflung stürzen oder Sie zu Ihrem höheren Selbst befreien. In der Lebensmitte entscheiden wir uns, bewusst oder unbewusst, für den Weg des Opfers oder für den Weg des Phönix, der zu guter Letzt aus der Asche emporsteigt. Wachstum ist meist mit Schmerzen verbunden, und die Geburt eines neuen Selbst kann sehr schwierig sein. Älter wird man von allein; weise werden kostet Mühe. Und in einem gewissen Alter sind die meisten von uns eben verletzt worden. Wir sind enttäuscht worden. Wir haben Träume begraben müssen und tun uns schwer, uns selbst oder anderen zu vergeben. Die große Aufgabe der späteren Jahre ist nicht, die Enttäuschungen des Lebens einfach glattzubügeln, sondern sie zu transzendieren. Und zwar indem wir die Lektionen lernen, die sie uns aufgegeben haben, mögen sie auch noch so schmerzlich sein, und danach mit Gottes Hilfe ein neues Leben erschaffen.

Lieber Gott,
möge mein Geist neu geboren werden,
damit ich ein besserer Mensch werde.
Ich übergebe dir meine Scham darüber,
wer ich manchmal gewesen bin,
und meine Hoffnung darauf, wer ich sein möchte.
Bitte nimm beides an.
Amen

Leicht ist das alles nicht.

Dem Ego liegt nichts daran, dass wir uns mit den Jahren zu Menschen entwickeln, die immer strahlender und mutiger werden. Es hat nicht die Absicht zuzulassen, dass wir uns als vollkommen autonome und selbstbestimmte, freudvolle und spirituelle Wesen erleben – nicht, wenn es dies verhindern kann. Seine Absicht ist es, diesen Traum zu zerstören – nicht nur, indem es uns körperlich mürbe macht, sondern auch seelisch.

Von seinem Hauptquartier tief in unserem Unterbewusstsein aus zieht das Ego unsere Alpträume an wie ein Magnet und macht sie offenbar. Es konstruiert falsche Beweise für unsere Schuld und Arglist, findet Wege, uns zu beschämen und zu demütigen, nimmt hinterhältig alle möglichen Formen an, um uns bei jeder sich bietenden Gelegenheit zu verhöhnen und lächerlich zu machen. Wir werden in das schwarze Loch des Selbstzweifels und des Selbsthasses gelockt, sobald offenkundige und weniger offenkundige Probleme auftauchen. Mit jedem Jahr, das vergeht, verlieren wir nicht nur ein wenig mehr an Muskeltonus, sondern auch an Mut.

Doch das ist nichts anderes als das Spiel des Lebens, bei dem jeder mitspielen muss. Niemand von uns kann der Nacht aus dem Weg gehen, auch wenn wir uns noch so sehr bemühen, den Tag zu verlängern. Und die Nacht hat ihren eigenen Lehrplan. An einem bestimmten Punkt im Leben ist es einfach unsere Bestimmung, dass wir uns mit uns selbst auseinandersetzen müssen: Wir werden auf alles hingewiesen, was in uns nicht heil geworden ist, und wir sind aufgefordert, unsere Wunden entweder zu verwandeln oder langsam an ihnen zu sterben.

Wenn Sie bei der Rückschau auf Ihr Leben das Gefühl haben, dass Sie mit Urkräften gerungen und nicht immer gesiegt haben, dann seien Sie versichert: Wie Ihnen geht es so ziemlich jedem Menschen. Es dürfte kaum jemanden geben, der um die Lebensmitte nicht eine Menge zu betrauern hätte. Und ob Ihre Tränen wahrgenommen werden oder nicht, ob Sie ihnen tatsächlich freien Lauf lassen oder nicht – sie sind da, keine Frage. Überheblich geworden in unserer Fortschrittlichkeit, dachte unsere Generation, sie sei gefeit gegen alte Mythen und archetypische Muster. Wir dachten, wir könnten es uns ersparen, in die psychische Unterwelt hinunterzusteigen … bis wir erkannten, dass das niemand kann, dass das niemandem gelingt. Und das hat seinen Grund. Die Unterwelt persönlicher Krisen und persönlichen Leids, wiewohl schwer zu meistern, ist der unabdingbar notwendige Nährboden für die Stärken und Begabungen, denen konkrete Form zu geben wir geboren sind. Unsere Probleme verwandeln sich in Mittel zur Heilung, wenn wir uns damit auseinanderzusetzen lernen, wie wir sie überhaupt geschaffen haben. Eines Tages werden Sie erkennen, dass diese spirituelle Medizin – die oft sehr bitter schmeckt – Ihnen das Leben gerettet hat. Ob Scheidung oder schwere Krankheit, ob finanzieller Ruin oder jegliche andere Form von Verlust: Letztlich werden Sie erkennen, dass Ihre Krise in Wirklichkeit die Initiation zu Ihrem Selbst in all seiner Fülle war.

Wenn Sie sich der Feuerprobe Ihrer Initiation gestellt und die gewaltige Hitze überstanden haben, können Sie jetzt anderen Menschen auf ganz neue Weise dienen. Als lebender Beweis für ein verwandeltes Leben tragen

Sie ein besonderes Wissen in den Zellen Ihres Körpers, ein heiliges Feuer in Ihrem Geist und Ihrem Herzen. Es ist nicht das Feuer Ihrer Jugend, sondern das des Prometheus, der das Feuer – und damit das Licht – wieder auf die Erde brachte. Es ist ein Licht, das Sie nur empfangen, wenn Sie in irgendeiner Form Ihre persönliche Hölle durchgestanden haben, und nun sind Sie immun gegen die Feuer, die um Sie herum wüten. Manchmal lässt sich Feuer nur mit Feuer bekämpfen, und dergestalt ist das Feuer, das nun in Ihnen brennt. Es ist kein Feuer, das Sie zerstört, sondern eines, das Sie stark macht. Es ist das Feuer Ihrer mittleren Jahre.

Kapitel 4

Was uns leiden lässt – und was uns heilt

*I*rgendwann im Leben wird jeder von uns von Erinnerungen an Dinge geplagt, die wir bedauern oder bereuen. Es sind Dinge, die wir getan haben, heute aber lieber nicht getan hätten; Familienangehörige, die wir vernachlässigt und Freunde, die wir im Stich gelassen haben; Gelegenheiten, bei denen wir verantwortungslos gehandelt haben, und Chancen, die wir ungenutzt verstreichen ließen. Situationen, die uns verworren erschienen, als wir mittendrin steckten, erscheinen uns in der Rückschau sehr klar.

Und in all den Jahren, als wir achtlos beiseiteschoben, was wir später als die wichtigsten Dinge im Leben erkannten, jammerten wir ständig von unserer Suche nach Sinn. Diese ganze Zeit lang, als wir nach Sinn hungerten, mangelte es uns aus keinem anderen Grund daran, als dass wir es versäumten, den Situationen direkt vor unserer Nase einen Sinn zu geben! Sinn ist nicht etwas, das eine Situation uns gibt; es ist, was wir einer Situation geben. Aber wer von uns wusste das?

Es ist erschreckend, wenn man erkennt, dass man das Leben nicht immer mit dem Respekt behandelt hat, den es verdient. Und für die Generation der in den 1960er Jahren Geborenen, die jetzt in der Lebensmitte steht, ist dies eine verbreitete Erkenntnis. Zusammen mit etlichen überholten Moralvorstellungen haben wir auch so manche ewig gültige Wahrheit verworfen. Dies soll keine Kritik an der Zügellosigkeit jener Zeit sein; sie war in vielerlei Hinsicht eine kreative Explosion, in uns und in der Welt. Doch es gab eine Schattenseite, so wie fast alles eine Schattenseite hat. Und irgendwann lassen sich die eigenen Schatten nur vertreiben, wenn man sich ihnen stellt.

Diese besonders dunkle Nacht der Seele – in der wir uns dem aus den Fehlern der Vergangenheit erwachsenen Selbsthass stellen – ist wie eine Eintrittskarte in ein neues Leben. Manchmal müssen jahrzehntealte Erlebnisse vergeben werden, ehe wir uns frei fühlen können, unseren Weg weiterzugehen. Viele von uns haben Briefe geschrieben oder erhalten oder Telefonate geführt, in denen beispielsweise geäußert wurde: »Es tut mir so leid, dass ich dir weh getan habe. Was war ich nur für ein Idiot damals!« Wie sehr wir uns auch gequält haben mögen, bis wir an diesen Punkt kamen: Es ist ein befriedigendes Gefühl, zu spüren, dass wir genug von unserer Vergangenheit losgelassen haben, um Platz für neues Wachstum zu schaffen.

Manche Menschen fragen sich, warum in ihrem Leben nichts vorwärtsgeht – und in Wirklichkeit bremst sie allein ihre mangelnde Bereitschaft, sich den Problemen zu stellen, denen sie sich noch stellen müssen; sich die Schatten einzugestehen, die sie sich noch eingestehen müssen; und wiedergutzumachen, was noch wiedergutzumachen ist, um ihre Energie freizusetzen und den Motor wieder in Gang zu bringen. Solange wir innerlich feststecken, wird unser Leben auch äußerlich nicht vorankommen; der einzige Weg, das Leben in seiner ganzen Bandbreite zu leben, ist die Bereitschaft, in die Tiefe zu gehen. Ob das Problem schon vor Jahrzehnten entstanden ist, ist nicht wichtig; die Aufgabe lautet, sich ihm jetzt zu stellen und sich jetzt mit ihm auseinanderzusetzen, damit Sie in den kommenden Jahrzehnten nicht immer und immer wieder Situationen durchleben müssen, die eine Wiederholung dessen sind, was in der Vergangenheit schiefgegangen ist.

Um es noch einmal zu sagen: Was nach außen wie ein Herunterschalten auf Schneckentempo aussieht, ist oft genau das Gegenteil. Innere Arbeit ist manchmal leichter getan, wenn man dasitzt und nachdenkt, als wenn man geschäftig herumläuft. Ein vollgestopfter Terminkalender hilft uns zu vermeiden, tiefer in uns zu gehen, aber in der Lebensmitte funktioniert eine solche Vermeidungshaltung nicht mehr, sie kann nicht mehr funktionieren. Ein gemächlicheres Lebenstempo, Kerzen und sanfte Musik in der Wohnung, Yoga, Meditation und Ähnliches sind oft Zeichen für neues inneres Leben. Wir konzentrieren uns auf Veränderungen, die unser In-die-Tiefe-Gehen unterstützen. Ich kenne eine Frau, die mit über achtzig eine Therapie begann. Dass sie ihr langes Leben mit der Zeit immer besser verstand, half nicht nur ihr selbst. Es wirkte sich auch auf die Gespräche mit ihren Kindern aus, was wiederum deren Beziehungen mit ihren Kindern positiv beeinflusste, und das setzte sich in einer endlosen Kette von Wundern fort, ausgelöst dadurch, dass diese Frau ein tieferes Verständnis ihres Selbst entwickelt hatte.

Um die Lebensmitte schleppen die meisten von uns eine Menge seelisches Leid mit sich herum. Wir können entweder zulassen, dass dieses Leid unser System vergiftet, oder dafür sorgen, dass es daraus verschwindet. Das sind so ziemlich die beiden einzigen Möglichkeiten, die wir haben.

Manchmal ist eine Depression für die Seele, was Fieber für den Körper ist: ein Weg, das zu verbrennen, was verbrannt werden muss, damit eine Gesundung eintreten kann. Manche dunklen Nächte der Seele dauern Monate oder Jahre, andere tatsächlich nur ein oder zwei Nächte. In beiden Fällen sind sie Teil einer geheimnisvollen Entgiftung von unserer aufgestauten Angst und Verzweiflung. Jeder Gedanke, der nicht mit der Wahrheit in Einklang gebracht worden ist, bleibt in unserem psychischen »Eingangsordner«, wird vielleicht in den »Papierkorb« verschoben, aber nicht von der Festplatte gelöscht. Jede Energie, die nicht zutage gefördert, abgegeben und verwandelt wird, verbleibt im Dunkeln – als heimtückische Kraft ständiger Attacken gegen Körper und Seele.

Selbst wenn Sie ein ziemlich gutes Leben gehabt haben, werden Sie vermutlich einiges an Leid mit sich herumtragen – es sei denn, Sie haben in einem abgeschiedenen Bergdorf gelebt, wo alle Menschen um Sie herum immer nur nett zueinander waren. In Ihren Dreißigern und Vierzigern waren Sie derart mit anderen Dingen beschäftigt, dass Sie sich ablenken konnten, aber irgendwann um die fünfzig herum verschafft sich dieses Leid Aufmerksamkeit. Garantiert. Und es ist viel, viel besser, wenn Sie es mit Ihrem Kopf und Ihrer Seele wahrnehmen, als irgendwann nach verschiedenen

Untersuchungen von Ihrem Arzt zu hören, dass es leider nicht gut aussieht.

Schaltet man heutzutage den Fernseher an, wird man mit Werbung für Schlafmittel geradezu bombardiert. Es ist natürlich nachvollziehbar, dass Menschen, die am nächsten Morgen früh aufstehen müssen, um zur Arbeit zu gehen, alles tun, um nachts gut zu schlafen. Aber es steckt mehr dahinter. Die Menschen suchen auch Hilfe bei ihrem Versuch, mit den Dingen fertig zu werden, die oft mitten in der Nacht aus den Tiefen der Seele auftauchen. Manche dieser inneren Dämonen müssen herausgelassen werden. Sie müssen aus den dunklen Höhlen befreit werden, in denen sie hausen. Sie bringen schmerzliche Botschaften mit, das ist wahr, aber dieser Schmerz hat uns oft viel zu sagen. Wenn Sie keine Schuldgefühle verspüren, wie wollen Sie dann jemals motiviert sein, etwas wiedergutzumachen? Wenn Sie keinen Selbsthass empfinden, woher soll dann der Anstoß kommen, beim nächsten Mal verantwortungsvoller zu handeln? Ohne Leid kein Preis, könnte man in Abwandlung des altbekannten Sprichworts sagen. Durch Verdrängung werden die inneren Dämonen nur mächtiger. Sie herauszulassen – und sich ihnen endlich zu stellen – ist der einzige Weg, sie irgendwann loszuwerden.

Es ist nicht immer ein Vergnügen, sich seiner Vergangenheit zu stellen – nicht der geschönten, später revidierten Version, sondern den wahren Geschichten, an die man nicht jeden Tag denkt, weil es einen dabei schaudern würde. Es geht gar nicht so sehr um die Dinge, die andere nicht wissen sollen; die Episoden selbst waren vermutlich nicht schlimmer als bei anderen Menschen. Vielleicht schneiden Sie im Vergleich zu anderen gar nicht so schlecht ab. Aber immer wenn Sie Ihrem persönlichen Idealbild nicht gerecht geworden sind, bleibt Scham zurück wie ein Giftstoff im Erdboden. Immer wieder werden Sie heimgesucht von Erinnerungen an Dinge, die Sie bereuen – weniger tagsüber, wenn das Ego mit seiner illusionären Weltsicht bestimmend ist, als in den Nächten, wenn weder Pillen noch Alkohol noch Sex Ihnen diese Erinnerungen vom Leib halten können. Sie spazieren durch verschlossene Türen in Ihrer Seele wie Gespenster, was sie in der Tat sind. Und kein noch so häufig wiederholtes »Geh, verschwinde!« kann sie vertreiben.

Das gelingt nur durch die harte Arbeit einer furchtlosen moralischen Inventur – mit dem Mut, seinem Gewissen Respekt zu zollen, und dem Wissen, dass, wenn etwas zur Überprüfung ansteht, es am besten auch überprüft werden sollte. Und das ist oft nicht einfach. Der antike griechische Dichter Aischylos fasst es in folgende Worte: »Durch Leiden lernen! Sogar im Schlummer rinnt zum Herzen die Qual, die des Leides gedenkt; und es sträubt sich der Mensch, wenn ihm die Einsicht vergönnt wird. Aufgezwungen ist die gütige Gabe der Götter, die am hohen Weltruder sitzen.« Sich zu betäuben – ob im Schlaf oder im Wachzustand – beseitigt das Leid nicht; das können nur Vergebung und Liebe. Dann werden, durch die Alchemie von Versöhnung und Gnade, die Geister wieder in das Nichts zurückkehren, aus dem sie gekommen sind. Und sie werden nicht mehr sein. Das Vergangene ist vorüber, und Sie sind frei.

Lieber Gott,
bitte vergib mir
die Fehler meiner Vergangenheit.
Mögen weder ich selbst
noch andere Menschen
von ihnen gehemmt werden.
Bitte, lieber Gott,
lass mich neu beginnen.
Amen

Zu den schädlichsten Einflüsterungen des Egos in der Lebensmitte gehört die ständige Angst, dass uns »die Zeit davonläuft«. Doch die Zeit dehnt sich aus, wenn unser Bewusstsein sich erweitert. In Wahrheit ist nicht die Zeit unser Feind, sondern unser falsches Denken über die Zeit.

In der Bibel heißt es: »Und es wird hinfort keine Zeit mehr sein«, aber vielleicht ist damit weniger das Ende der Welt gemeint, das seine Schatten vorauswirft, als das Ende unserer irdischen Erfahrung von Zeit. Die Jahre jenseits der fünfzig sind, wenn sie gut gelebt werden, länger als die Jahre zwischen zwanzig und fünfzig. Tatsächlich haben wir mehr Zeit, als wir denken, und zwar, wenn wir tiefer in die Gegenwart eintauchen – das ist der Schlüssel. Dann entdecken wir etwas Wundervolles, nämlich Wahlmöglichkeiten, die wir in den Jahren, als wir im Schnellzugtempo durch unser Leben rasten, vollkommen übersehen haben.

Irgendwann haben die meisten Menschen genug Erfahrungen in der Welt gesammelt, um ihr nicht mehr naiv zu begegnen. Wir wissen, was sie uns gibt, und wir wissen, was sie uns nimmt. Wir haben freudvolle Erinnerungen, und wir haben leidvolle. In beiden Fällen ist es unsere Aufgabe, nicht in den Erinnerungen zu verharren.

Solange es Leben gibt, besteht die Chance auf Liebe. Und wo es Liebe gibt, gibt es immer auch Hoffnung. Egal, was der Spiegel sagt, Ihr Arzt oder die Gesellschaft – es gibt Hoffnung. Manchmal erscheint es verlockend, sich einfach zu sagen: Na ja, ich habe die Sache damals vergeigt, jetzt kann ich es auch nicht mehr ändern. Oder dass die böse Welt daran schuld ist, dass man nicht auf die Füße kommt. Aber das Wunder der Lebensmitte besteht darin, dass nichts, was vor dem gegenwärtigen Augenblick geschah, eine Bedeutung für das jetzt Mögliche hat – außer, dass alles, was Sie daraus gelernt haben, Kraftstoff für eine wunderbare Zukunft sein kann.

Wunder kann es jederzeit geben, wenn wir das Beste in uns zum Ausdruck bringen. Nicht die Summe unserer Jahre bestimmt über das Leben, das wir jetzt führen, sondern die Summe unserer Liebe. Nichts von dem, was sich vor zwanzig oder dreißig Jahren oder vielleicht erst vor zehn Minuten ereignet hat, bestimmt über unsere Zukunft. Sie wird bestimmt davon, wer wir sind und was wir denken, hier und jetzt, in diesem Augenblick. Fast zu jeder Stunde eines jeden Tages finden wir uns in einer Situation wieder, in der wir sein können, wer wir zuvor nicht waren, weil wir wissen, was wir zuvor nicht gewusst haben. Und aus diesem Neu-Sein ergeben sich neue Chancen, an die wir im Traum nicht gedacht hätten. Gott ist Fachmann für Neuanfänge.

Es gibt ein Erlebnis, das einen besonders starken Eindruck bei mir hinterlassen hat. Ich war damals seelisch schwer angeschlagen und ziemlich hoffnungslos, was die Zukunft anging. Ungefähr zur jener Zeit zog ich in ein Haus am Meer, in dem ich vom Schlafzimmer aus einen so herrlichen Sonnenaufgang sehen konnte, wie ich ihn noch nie erlebt hatte. Jeden Morgen sah der Himmel aus wie ein zum Leben erwachter japanischer Holzschnitt, die schwarzen Schattenschnitte der Äste wurden langsam dunkelgrün, der tiefdunkle Himmel über den Bäumen färbte sich rosa, und darunter glänzte wundervoll das helltürkisfarbene Meer. Niemals zuvor hatte die Natur in mir ein derart tiefes spirituelles Erleben geweckt. Es war wirklich phänomenal. Ich war mir ganz sicher, dass ich – als Teil meines Heilungsprozesses – zu genau diesem Haus geführt worden war, mit diesem wundervollen Blick vom Schlafzimmer aus.

Jeden Tag schlug ich ganz von selbst die Augen auf, kaum dass die Sonne über den Horizont lugte. Ich lag im Bett und betrachtete nicht nur, wie der Morgen dämmerte, er drang vielmehr geradezu in mich ein. Der Sonnenaufgang – der neue Tag, der auf die dunkle Nacht folgt – prägte sich gewissermaßen jeder Zelle meines Körpers ein. Und eines Morgens war mir, als hörte ich währenddessen die Stimme Gottes zu mir sagen: »Dies ist das Werk, das ich an dir tun werde.« Auch ich würde nach der dunklen Nacht der Seele einen neuen Sonnenaufgang erleben. Gott würde mir einen Neubeginn schenken, das wusste ich in diesem Augenblick. Und als ich die Augen wieder schloss und noch einmal einschlief, danke ich ihm von ganzem Herzen. Und meine Seele wurde geheilt.

Ich bin immer wieder verblüfft, wenn ich mir bei der Winter-Olympiade die Eiskunstläufer anschaue. Sie haben ihr Programm Tausende, wirklich Tausende Mal trainiert, sie treten beim wichtigsten Wettbewerb ihres Lebens an, die ganze Welt sitzt vor dem Fernseher, und dann kann ein Sturz im Bruchteil einer Sekunde all ihre Träume zunichtemachen. Wie viele von uns würden in diesem Moment nicht einfach heulend aufgeben? Diese Sportler nicht. Sie machen weiter. Sie müssen 1,2 Sekunden später noch einen Dreifach-Axel springen. Sie können einfach nicht zulassen, dass die Vergangenheit über ihre Zukunft bestimmt. Und das erfordert nicht nur Körperbeherrschung, sondern auch eine besondere emotionale, eine psychische Fähigkeit. Es ist eine Fähigkeit, die jeder entwickeln muss, der den Übergang in eine glückliche, kreative und spannende zweite Lebenshälfte schaffen will.

Gemeint ist aber nicht einfach »Was vorbei ist, ist vorbei«. Gemeint ist etwas Höheres, gewissermaßen Heiligeres. Gemeint ist, dass das, was bis jetzt geschehen ist, gewissermaßen eine Reihe von Lektionen war – oft merkwürdig, oft schmerzlich. Doch alles hatte nur den einen Zweck: Ihnen die Chance zu geben, der Mensch zu werden, der Sie sein können. Manche Prüfungen zu diesen Lektionen haben Sie bestanden, andere nicht, und diese werden Sie wiederholen müssen. Manche Lektionen haben Ihnen Spaß gemacht, gegen andere haben Sie sich gesträubt, und manche haben Sie vielleicht gehasst. Aber Sie sind durch diese Lektionen ein – Sie können wählen! – besserer Mensch geworden, demütiger, zugänglicher, empfindsamer, klüger, großzügiger. Und dadurch ist alles möglich. Ein jugendlicher Körper ist wunderbar, aber er verspricht mehr, als er halten kann, wenn Sie nicht der Mensch sind, der Sie sein sollten. Und wenn Sie das einmal sind, dann haben die Falten an Ihrem Körper ihre eigene Schönheit. Man muss nicht jung sein, um ein toller Mensch zu sein.

Aber wie gelingt uns emotional, was die Eiskunstläufer uns physisch vormachen? Wie gelingt es uns, wieder aufzustehen, wenn das Leben uns auf die Nase geworfen hat? Wie können wir Vergangenes überwinden? Ohne Vergebung wird uns dies nicht gelingen.

Einmal lag ich abends im Bett und schlief schon halb, als ich spürte, dass ich in eine nie zuvor erlebte Dimension befördert worden war. Ich sage »befördert«, weil es einfach so zu passieren schien. In dieser anderen Dimension wusste ich, dass ich älter war, und ich wäre als Jüngere nicht dorthin gelangt. Doch da war ein Licht, ein Leuchten, das ich zuvor ganz sicher nicht hätte erfassen können. Ich wusste damals, dass ich diesen Ort nie als geringere Welt ansehen würde, wenn ich dort dauerhaft leben könnte. Diese neue Dimension war keineswegs ein Trostpreis, sondern vielmehr eine Belohnung. Sie fühlte sich überhaupt nicht belastend an, sondern eher so, als hätte ich ein Geschenk erhalten.

»Ach, das ist also das Alter!«, sagte ich mir – erleichtert, weil es so schön war. Doch darauf kam eine deutliche Antwort: »Nicht für jeden.« Ich befand mich in einem inneren Raum, der nicht selbstverständlich war. Man musste sich für ihn entscheiden. Er wurde mir in einem kurzen Moment offenbart, den man vielleicht begnadet nennen kann, doch nur als eine Art Lockmittel, als Demonstration dessen, was ich zu gewinnen hatte. Ehe auch die Gegenwart von diesem Leuchten überstrahlt sein konnte, würde ich lernen müssen zu vergeben.

Stets liebevoll, heiter und gelassen zu sein ist einfach, wenn die anderen Menschen sich immer so verhalten, wie man es selbst gerne möchte, aber so ist es im realen Leben nun einmal nicht. Wir alle sind unvollkommen, wir alle haben unsere Wunden, und die meisten von uns haben schon mal eine bissige Bemerkung zurückgegeben, weil jemand anderer unabsichtlich gemein zu uns war.

Zur Vergebung gehören der Glaube an eine Liebe, die größer ist als Hass, und die Bereitschaft, das Licht in jemandes Seele zu sehen, selbst wenn man auch die dunkle Seite des betreffenden Menschen kennt. Vergebung bedeutet nicht, dass es nicht schlimm war, was jemand getan hat; es bedeutet einfach, dass wir uns dafür entscheiden, uns nicht auf seine Schuld zu konzentrieren, denn damit machen wir sie real für uns, und indem wir sie real *für* uns machen, machen wir sie real *in* uns. Der einzige Weg, uns davon zu befreien, dass uns das Verhalten anderer Menschen verletzt, besteht darin, uns mit dem Teil von ihnen zu identifizieren, der jenseits alles Physischen liegt. Dann blicken wir jenseits ihres konkreten Verhaltens auf die Unschuld in ihrer Seele. Dadurch befreien wir nicht nur die anderen von der Last unserer Verachtung, sondern auch uns selbst.

Dies ist das Wunder der Vergebung.

Bei Vergebung geht es nicht darum, einfach nett zu sein – es geht darum, spirituell intelligent zu sein. Wir können unseren Groll pflegen, oder wir können ein Wunder erleben, aber nicht beides zusammen. Wir können über jemanden zu Gericht sitzen, oder wir können glücklich und zufrieden sein. Jede Rechtfertigung, mit der ich einen Angriff auf eine andere Person begründe, ist nichts als ein Trick meines Ego, um mich im Leiden zu halten.

Wozu ich jahrelang gebraucht habe, um es wirklich zu begreifen, das ist, dass ich zu 100 Prozent für mein Leben verantwortlich bin. Zu 100 Prozent verantwortlich, das bedeutet weder 34 Prozent, noch bedeutet es 96 Prozent. Solange Sie nicht bereit sind zu akzeptieren, dass Sie voll und ganz für Ihre Erfahrungen verantwortlich sind, können Sie nicht Ihr bestmögliches Leben in sich wachrufen.

Manche Leute pflegen einen Groll, der zwanzig Jahre zurückreicht. Irgendwann aber wird es immer schwieriger, all seine Probleme auf irgendetwas zu schieben, was jemand anderer einem vor langer Zeit angetan hat. Egal, was der Betreffende getan hat, der wahre Schuldige ist derjenige, der zwanzig Jahre hat vergehen lassen, ohne die Sache zu überwinden.

In den Jahren bis zum gegenwärtigen Augenblick mögen Ihnen manche schlimmen Dinge passiert sein, aber dennoch sind Sie dafür verantwortlich, dennoch entscheiden Sie, wie Sie diese Dinge interpretieren. Und wie Sie Ihre Vergangenheit interpretieren, bestimmt darüber, ob sie Ihnen emotional guttut oder Sie niedergeschlagen macht. Ja, einige Menschen mögen Ihnen absichtlich unrecht getan haben. Ich verstehe Ihren Groll. Aber es ist Ihnen nur von Nutzen, wenn Sie erkennen, in welcher Weise Sie es ihnen vielleicht auch leichtgemacht haben. Ja, in Ihrem Leben mag manches fehlen, es mag in mancher Hinsicht freudlos und enttäuschend sein. Aber es liegt in Ihrer Verantwortung, sich die dunklen Winkel Ihres Lebens einzugestehen und sie zu verwandeln.

Ich sage nicht, dass es leicht ist, zu vergeben; ich sage nur, dass es unumgänglich ist.

Meine Freundin Gina hat eine schreckliche Scheidung hinter sich, in deren Verlauf sie reichlich Gelegenheit hatte, zwischen Vergebung und Schuldzuweisung zu wählen. Nach elf Jahren, in denen sie eine ihrer Meinung nach gute Ehe führte – und jeder, der Gina und ihren Mann zusammen sah, hielt es für eine wunderbare Ehe –, wollte ihr Mann sich scheiden lassen. Ich habe noch keine Beziehung erlebt, bei der alle Probleme nur auf einen der Beteiligten zurückzuführen sind, deshalb gebe ich hier keinerlei Urteil über das Verhalten eines der Beteiligten ab. Da ich meiner Freundin aber in dieser Zeit zur Seite gestanden habe, kann ich sagen, dass sie den Weg der Vergebung ging – und es hat sich gelohnt. Hat sie in diesem Jahr die Hölle durchgemacht? Ja, das hat sie. Aber ihr ständiges Bemühen darum, ihrem Ex-Mann zu vergeben – einem Mann, den aus ihrem Herzen zu verbannen sie sich weigerte, obwohl er sie offenbar aus dem seinen verbannt hatte –, war nicht nur immer wieder ein Denkanstoß, sondern auch beispielhaft dafür, wie Vergebung Wunder wirken kann. Meine Freundin berief sich immer wieder auf die Liebe, die es zwischen ihr und ihrem Mann gab, ungeachtet der Tatsache, dass ihre Beziehung in der bisherigen Form nicht mehr existierte. Sie war verletzt, aber nicht verbittert. Sie hatte weiterhin Vertrauen. Ihr Ex-Mann konnte die Ehe beenden, aber sie gab die Liebe, die zwischen ihnen gewesen war, nicht auf. Und innerhalb von achtzehn Monaten konnten beide mit der Sache abschließen. Gina und ihr Mann waren zwar nicht mehr verheiratet, aber ihre Freundschaft bestand weiter.

Das war wichtig für Gina, denn so hatte sie sich nicht nur mit ihrer verflossenen Ehe ausgesöhnt, sie konnte danach auch anderen Männern unbelastet begegnen. Wenn wir den Groll der Vergangenheit in die Gegenwart mitschleppen, sabotiert er unsere Zukunft. Gina zieht die Männer an wie ein Magnet, scherzten meine Tochter und ich oft, selbst mitten in der Scheidung. Und wir wussten, warum das so war. Sie wehrte ihren Schmerz nicht ab, sondern ließ ihn zu und wurde dadurch weicher statt härter. Sie verbitterte nicht, weil sie die Liebe ihres Mannes verloren hatte, wie es bei manchen Menschen der Fall ist. Ich erlebte mit, wie sie reifer wurde, aber niemals härter. Und die Liebe anderer floss ihr zu.

Sie können den Rest Ihres Lebens damit zubringen, Vergangenes immer wieder durchzuspielen und im Geiste darauf zu reagieren, aber Sie tun sich damit keinen Gefallen. Und alle Menschen, denen Sie begegnen, werden intuitiv spüren, wie Sie mit Ihrer Vergangenheit umgehen. Sie werden wissen, ob Sie darin feststecken oder daran gereift sind. »Vergeben und vergessen« ist keine bloße Platitude. Viele Menschen sagen: »Ja, verzeihen kann ich, aber vergessen werde ich es nie!« Nehmen Sie sich vor dieser Haltung in Acht, denn dadurch bleiben Sie auf subtile Weise Ihrem Leid unterworfen. Arbeiten Sie daran, zu vergessen, was man Ihnen angetan hat; erinnern Sie sich nur an die Lehre, die Sie daraus gezogen haben. Legen Sie das Kreuz nieder. Umarmen Sie stattdessen den Himmel.

Lieber Gott,
bitte lehre mich,
wie ich vergeben kann.
Zeige mir die Unschuld in anderen Menschen
und die Unschuld in mir selbst.
Ich lege meine wertenden Gedanken
in deine Hände.
Möge ich den tiefen Frieden
erleben dürfen,
der jenseits dieser Gedanken liegt
und den nur Vergebung bringt.
Amen

Das von Angst gesteuerte Ego sammelt unablässig Beweise und macht es schwer, zu vergeben. Es befindet sich in einer dauernden Auseinandersetzung, zum einen mit allen anderen, zum zweiten mit Ihnen selbst.
Manchmal geht es nicht um jemand anderen, sondern es ist Ihr Name, der auf der Akte zu dem Verfahren steht, in dem Sie sich zum Ankläger machen – wegen Ihrer früheren Fehler, Ihrer Dummheit, Unreife, Verantwortungslosigkeit. Sie verklagen sich gewissermaßen selbst – einfach, weil Sie sind, wie Sie sind.
Zeugen der Anklage gibt es zuhauf, und der Gerichtssaal befindet sich in Ihrem Kopf. Das Ego ist nicht auf der Suche nach Gerechtigkeit, sondern nach Schuld, denn davon nährt es sich. Der Prozess, den es gegen Sie führt, gründet nicht auf der Annahme, dass Sie etwas Falsches getan haben, sondern dass an Ihnen selbst etwas grundsätzlich falsch ist. Diesem Vorwurf zu begegnen ist schwierig. Wer kann schon ruhig schlafen in dem Be-

wusstsein, dass alles an ihm falsch ist? Was habe ich nicht alles falsch gemacht, was habe ich nicht alles verbockt, denken Sie, und in manchen Nächten kommt Ihnen das alles aus irgendeinem Grund wieder ganz klar zu Bewusstsein ... Wie schön, wenn einem schlechte Erinnerungen von vor zwanzig Jahren wie Geister der Hölle durch den Kopf schießen – was sie in gewisser Weise auch sind. Und Sie können sie nirgendwo ablegen außer in dem dicken Ordner mit der Aufschrift »Was ich alles verbockt habe«. Wie sollen Sie darauf vertrauen, dass Ihre Zukunft Gutes bringt, wenn Sie glauben, in der Vergangenheit so schlecht gewesen zu sein? Wie können Sie hoffnungsvoll in die Zukunft schauen, wenn Sie meinen, dass in der Vergangenheit alles wertlos war? Und wie können Sie sich ernsthaft gegen einen mitleidlosen Ankläger verteidigen, der ein Teil Ihrer selbst ist?

Bestimmt kennen Sie die christliche Vorstellung vom »ewigen Höllenfeuer«? Nun, jetzt wissen Sie, was es bedeutet: Angst, Schuldgefühle und Selbsthass ohne Ende. Aber nicht Gott hat Sie dorthin verbannt, sondern der Feind in Ihrem Kopf. Das Ego, das angstgesteuerte Selbst, der Schatten – wie immer Sie es nennen wollen – ist ständig unterwegs, um Ihren Seelenfrieden zu zerstören.

Der Grund, warum Sie darauf vertrauen können, dass Sie dieser Hölle der Selbstanklage entgehen können und werden, ist, dass Gott sich für Ihre grundsätzliche Unschuld verbürgt. Er hat Sie unschuldig erschaffen, und was er erschafft, ist unwandelbar und unzerstörbar. Sie haben Fehler gemacht? Wer macht keine?! Doch Gottes Wille ist es, unsere Fehler zu korrigieren, nicht, uns für sie zu bestrafen. Wir werden *durch* unsere Sünden bestraft, nicht für sie. Es ist das Ego, das uns diese Falle stellt, das uns zuerst etwas Falsches tun lässt und uns anschließend schonungslos dafür bestraft.

Ein allbarmherziger Gott hat bereits jede Anklage gegen Sie fallengelassen, ehe das Ego eine Chance hat, das Verfahren gegen Sie zu eröffnen. Ihre Fehler, so schlimm Sie in Ihren Augen auch gewesen sein mögen, entsprangen nicht Ihrem Selbst, wie er es geschaffen hat. Deshalb sollten Sie sich immer wieder daran erinnern, wer Sie wirklich sind; es ist der Schlüssel zur Erlösung aus der Hölle der Selbstverdammung.

Sie sind kein besserer und kein schlechterer Mensch als alle anderen. Wie sehr Sie vergangene Fehler auch bereuen mögen, es gibt immer jemanden, der die seinen noch mehr bereut. Der Weg zum Glück wird nicht dadurch bestimmt, ob wir in der Vergangenheit Fehler gemacht haben oder nicht. Den Weg zum Glück bereitet uns, ob wir unsere Fehler in Katalysatoren für unser persönliches Wachstum und unsere Erleuchtung umwandeln oder nicht.

Lassen Sie sich einmal durch den Kopf gehen, was Sie alles durchgemacht haben, und versuchen Sie dann eine behutsame Neuinterpretation. Alle Liebe, die Sie jemals gegeben haben, war real. Alle Liebe, die Sie jemals empfangen haben, war real. Alles andere war nur eine Illusion, wie bitter oder brutal es für Sie auch gewesen sein mag.

Ich werde Sie jetzt nicht mit der Aussage beleidigen: »Vergeben Sie sich doch einfach!« Gott vergibt Ihnen, denn er hat Sie nie anders als unschuldig gesehen. Ihre Fehler haben nichts an der letzten Wahrheit über Sie selbst oder an der Unvergänglichkeit von Gottes Universum geändert. So mächtig ist Ihr Ego nicht. Bereuen Sie Ihre Fehler aufrichtig, bemühen Sie sich, sie so weit wie möglich wiedergutzumachen, und Sie sind frei für einen Neubeginn.

In *Ein Kurs in Wundern* heißt es, dass immer dann, wenn Sie nicht Ihr bestes Selbst gewesen sind – wenn Sie sich nicht als der liebevollste Mensch gezeigt haben, der Sie sein könnten –, alles Gute, das Sie in diesem Augenblick nicht angenommen haben, für Sie in Verwahrung genommen wird, bis Sie bereit sind, es anzunehmen. Gott wird Ihnen die Jahre zurückgeben, die die gefräßigen Heuschrecken vernichtet haben. Und die Vergangenheit, wie Sie sie kennen, wird nicht mehr sein.

Wo Angst war, wird am Ende die Liebe siegen. Ob als Antwort auf Ihre eigenen Fehler oder auf das Böse in der Welt: Gott wird immer das letzte Wort haben. Und er wird Ihnen immer sagen, wie sehr er Sie liebt.

Lieber Gott,
bitte hilf mir, mir selbst zu vergeben
für alles, was ich getan und nicht getan habe.
Gieße Deine unendliche Gnade
über mir aus,
damit mein Leben erlöst werde.
Nimm fort meine Scham, lieber Gott,
und mach mein gebrochenes Herz heil.
Amen

Immer wenn ich mich von meiner Vergangenheit belastet fühle, versuche ich mich bewusst an Menschen zu erinnern, die nicht nur viel Schlimmeres erlebt haben als ich, sondern Schlimmeres, als ich mir jemals vorstellen könnte. Und dennoch haben sie diese schrecklichen Erlebnisse überwunden.

Meine Freundin Naomi, inzwischen sechsundachtzig Jahre alt, hat den Holocaust überlebt. Als die deutschen Truppen am 1. September 1939 die polnische Grenze überschritten und der Zweite Weltkrieg begann, feierte sie ihren neunzehnten Geburtstag. Sie lebte damals in Warschau, eine junge Frau, die das Leben genoss und sich auf ein College in England vorbereitete. Von einem Tag auf den anderen musste sie sich gemeinsam mit ihrer Mutter, ihrem Mann, ihrem Bruder und ihrer Schwägerin vor den Nazis verstecken. Ihr Vater war bereits von den Russen verhaftet und nach Sibirien deportiert worden. Im Jahr 1943, nach der Bombardierung Warschaus, wurden Naomi und ihre Angehörigen in einem Viehwaggon zusammengepfercht auf eine schreckliche Reise geschickt, die viele nicht überlebten – ins Konzentrationslager Auschwitz.

Naomi war zwei Jahre in Auschwitz, mit zweiundzwanzig bis vierundzwanzig. Meine Probleme in diesem Alter? Romanzen, berufliche Karriere und Ähnliches. Und ihres? Adolf Hitler.

Naomis Mann, ihre Mutter und ihre Schwägerin starben in Auschwitz. Ihre Mutter wurde vergast, und dann verschwand ihre Schwägerin, nachdem sie eines Morgens zu Naomi gesagt hatte, sie werde an diesem Tag einfach nicht zur Arbeit gehen (»Ich ertrage es nicht mehr. Ich kann so nicht leben.«), und nicht mehr zurückkehrte. Meine Freundin Naomi und Millionen andere Menschen lebten in den Konzentrationslagern der Nazis unter so entsetzlichen Bedingungen, wie Menschen sie anderen Menschen weder vorher noch nachher jemals aufzwangen.

Naomi überlebte den Krieg. Sie wanderte 1946 in die Vereinigten Staaten aus, heiratete, wurde erneut Witwe und blieb mit drei kleinen Kindern zurück, die sie allein aufziehen musste. Wer, wenn nicht Naomi, hätte die Prüfung des Lebens bestanden? Für wen, wenn nicht für sie, hätte man Verständnis gehabt, wenn sie aufgegeben hätte? Doch so war, vielmehr ist, Naomi nicht. Ihr Charakter ist stärker als noch so widrige Lebensumstände. Sie hat ihre Kinder wunderbar großgezogen, eine mit der Zeit unglaublich erfolgreiche Import-Export-Firma gegründet und ihr Leben in einer Weise gelebt, die für zahllose Menschen, die sie kennen – darunter ich – immer beispielhaft war.

Im Jahr 2002 reiste Naomi mit ihrem Sohn nach Deutschland. Als sie im Landeanflug auf Berlin aus dem Fenster auf die Stadt hinunterblickte, fragte er sie, wie es ihr gehe. Ihre Antwort, sagte sie später, überraschte sogar sie selbst: »Es ist ganz seltsam, aber ich fühle mich gut. Ich bin hier zu meinen eigenen Bedingungen. Niemand hat mich gezwungen, hierherzukommen. Es war meine eigene Entscheidung, mein freier Wille.«

Als sie Wannsee besuchten – wo Hitler und seine Helfershelfer die »Endlösung« planten, die vollständige Vernichtung der europäischen Juden –, erlitt Naomi einen Zusammenbruch. Dennoch setzte sie ihre Versöhnung mit der Vergangenheit fort. Im Jahr 2003 unternahm sie eine emotional sehr belastende Reise nach Auschwitz. Auf dem Weg dorthin brach sie immer wieder in Tränen aus, doch dann machte sie eine seltsame Erfahrung. Als sie durch das Tor mit der berüchtigten Inschrift »Arbeit macht frei« ging, spürte sie mit einem Mal eine unglaubliche Stärke in sich, keineswegs den erwarteten Schmerz. Vielmehr durchströmte sie eine Art Triumphgefühl, als ihr bewusst wurde: »O mein Gott, ich bin zurückgekommen – ich habe überlebt! Ich sollte hier krepieren, aber ich lebe noch! Er, der mich vernichten wollte, wurde selbst vernichtet, aber ich habe überlebt. Ich bin ja eine Überlebenskünstlerin!« In diesem Moment wusste Naomi, was überleben heißt – nicht nur physisch, sondern auch emotional und geistig. Und sie war frei.

»Ich spürte, dass ich auf meiner Vergangenheit aufbauen konnte«, sagt sie, »aber nicht darin leben. Obwohl ich den Holocaust erlebt habe, wollte ich mich nie näher damit beschäftigen. Ich habe Schreckliches durchgemacht, aber ich gehe davon aus, dass auch Gutes daraus entstanden ist. Ich habe so viel mehr Mitgefühl in mir. Ich glaube, ich bin dadurch ein besserer Mensch geworden. Es ist doch immer Hoffnung in uns. Und wenn alles noch so trostlos und düster aussieht, irgendetwas in uns lässt uns hoffen, dass alles wieder besser wird. Ich wusste, dass ich mich um die Zukunft kümmern musste. Immer wieder musste ich mich fragen, was ich *jetzt* tun kann, um uns über die Runden zu bringen. Ich wollte für die Zukunft leben, um meiner selbst und meiner Kinder willen. Und das habe ich getan.«

Immer wenn ich anfange, mich selbst zu bemitleiden, denke ich an Naomi. Ich denke an die Menschen, die den Holocaust nicht überlebt haben. Ich denke an die-

103

jenigen, die selbst heute noch – in Somalia, in Darfur und anderen Regionen der Welt – ähnliche Greuel erleben wie damals Naomi. Und in tiefer Dankbarkeit für mein bislang vergleichsweise äußerst angenehmes Leben beginne ich zu begreifen, dass dieses Leben – auch wenn es nicht immer eitel Sonnenschein ist – es wahrhaftig wert ist, Gott dafür zu danken, jede Minute, an jedem Tag. Und das tue ich.

Wenn meine Freundin Naomi sich nach allem, was sie durchgemacht hatte, ein neues Leben aufbauen konnte, wer von uns hätte dann nicht die notwendigen Kraftreserven in sich, um sein Leben zu ändern? Wir haben eine moralische Verpflichtung, nicht nur uns selbst gegenüber, sondern auch um einer zunehmend größer werdenden kollektiven Hoffnung willen, alles zu tun, was in unserer Macht steht, damit wir uns wie Phönix aus der Asche der Vergangenheit erheben können. Gestern war gestern, aber gestern ist vorbei. Heute ist heute, und das Morgen wartet.

Was Ihnen in der Vergangenheit geschehen ist, mag nicht besonders schön gewesen sein, vielleicht hatten Sie auch nicht den geringsten Einfluss darauf. Aber wer Sie dadurch – oder trotzdem – werden, das liegt ganz in Ihrer Hand. Ich kenne Menschen, die einen Bruchteil dessen an Traumata erlebten, was Naomi durchmachen musste, und dennoch jahrzehntelang nicht aus ihrer Jammer- und Opferhaltung herauskamen. Naomis Geschichte und die vieler anderer Menschen ist der beste Beweis dafür, dass wir nicht unsere Vergangenheit sind. Nicht was das Leben uns in der Vergangenheit vor die Füße geworfen hat, bestimmt unser Leben heute, son-

dern weit eher, wie viel wir selbst bereit sind, in das Leben hineinzuwerfen.
Wenn meine Freundin Naomi nach Auschwitz weitermachen konnte, wer von uns könnte dann – aus welchem Grund auch immer – behaupten, er könne es nicht?

Lieber Gott,
bitte nimm
das Leid meiner Vergangenheit von mir.
Entferne, was mein Herz verletzt,
und heile meine Wunden.
Amen

Kapitel 5

Holen wir uns die Kraft des Weiblichen zurück!

*I*ntuitiv habe ich immer gewusst, dass ich mich, wenn ich jenseits der fünfzig bin, nicht mehr verstecken würde. Als ich jünger war, fand ich die Welt beängstigend und voller Rätsel. Vielleicht hat sie mir einfach niemand erklärt. Jedenfalls versuchte ich mich zu verstecken, um einigermaßen damit klarzukommen. Manche Leute sagen zwar mit Blick auf meinen Werdegang: »Also, verstecken würde ich das nicht gerade nennen!«, aber wer weiß schon, was andere Menschen innerlich vielleicht mit sich herumschleppen und nicht nach außen dringen lassen.

Ich habe in einer inneren Spaltung gelebt, einer neurotischen Störung, für die Frauen meiner Generation besonders anfällig waren. Es war mir nicht bewusst – wie wohl den meisten –, aber die Botschaft, die wir im Namen der Emanzipation verinnerlichten, lautete, dass wir uns nur um den Preis emanzipieren konnten, dass wir wie Männer wurden. Wir durften entweder sexy sein oder klug – dann wurden wir ernst genommen –, aber keinesfalls beides. Und viele Frauen meiner Generation taten, was sie meinten, tun zu müssen: Wir verdrängten die Göttin in uns, das wilde weise Weib, um

106

in einer Welt erfolgreich zu sein, deren Geringschätzung für alles fundamental Weibliche wir unterbewusst übernahmen.

Bis ich mich selber als Frau rundherum mochte, ohne mich für irgendetwas zu schämen, musste ich ungefähr Mitte vierzig werden. Vorher waren meine Gefühle in dieser Hinsicht zwiespältig. Und meine Ambivalenz gegenüber den sinnlichen Aspekten des Frauseins bewirkte bei Männern wie Frauen ebenfalls ambivalente Gefühle. Wenn wir wegen irgendetwas Gewissensbisse haben, ob zu Recht oder nicht, ziehen wir Menschen an, die unsere Selbstanklage spiegeln und artikulieren. Was ich in meinem Leben auch getan habe (egal, wie haarsträubend es war) – wenn ich es in Ordnung fand, fanden es auch die meisten Menschen in meiner Umgebung in Ordnung. War ich selbst aber zwiespältig in einer Sache oder schämte ich mich für etwas, dann gab es immer jemanden, der mich emotional niedermachte. Es ist eines der großen Geschenke des Älterwerdens, dass es einem endlich leichterfällt, die Meinung anderer Leute zu ignorieren. Wir haben genug erlebt, um unsere eigenen Gefühle gut zu kennen, und wir sind bereit, endlich das Leben zu leben, das wir schon immer gelebt hätten, wenn wir es uns selbst früher zugestanden hätten.

Ich war unterbewusst – oder vielleicht auch gar nicht so sehr unterbewusst – die typische Vatertochter, wie C. G. Jung sie beschrieb, und imitierte das Leben meines Vaters in der irrigen Überzeugung, das Leben meiner Mutter sei nicht »wichtig« genug. Heute erkenne ich darin die Illusion von männlicher Überlegenheit, doch ich habe psychisch einen hohen Preis bezahlt. Meine Mutter wusste eine ganze Menge – erdverbundene

Dinge, weise Dinge – und versuchte, mir ihr Wissen weiterzugeben, doch ich wollte nichts davon hören.

Einmal saß ich mit Freundinnen herum, und wir diskutierten darüber, ob eine andere Freundin abtreiben sollte oder nicht, als meine Mutter sich zu Wort meldete: »Seid ihr Mädels denn noch nicht alt genug, um zu wissen, dass es so etwas wie ein uneheliches Kind nicht gibt?« Und als eine meiner Freundinnen meinte, es gebe da so gewisse Zweifel hinsichtlich der Vaterschaft, erwiderte meine Mutter kühl: »Meint ihr vielleicht, dass die Väter von allen, die ihr kennt, die echten Väter sind? Zu meiner Zeit wussten die Frauen, wann sie besser den Mund hielten!« Meine Freundinnen und ich schwiegen verblüfft. Da hatten wir gedacht, wir seien so viel schlauer als unsere Mütter, aber in Wirklichkeit wusste sie viel mehr als wir – über die Dinge des Lebens, über das Menschsein.

Heute macht es mich stolz, sagen zu können: Ja, ich bin die Tochter meines Vaters … aber auch die Tochter meiner Mutter.

Lieber Gott,
wenn ich es an Respekt
für die Kraft und die Macht des Weiblichen fehlen
* lasse,*
möge mein Geist sich klären
und mein Herz sich verwandeln.
Amen

Bei allen hochentwickelten Säugetierarten, die sich mit Erfolg behaupten, ist ein gemeinsames Charakteristikum zu beobachten: Das erwachsene Weibchen der Art verteidigt seine Jungen mit Zähnen und Klauen, wenn es sie bedroht sieht. Löwinnen und Tigerinnen werden rabiat, wenn sie Gefahr für ihre Nachkommen wittern. Bei den Hyänen, nicht gerade als besonders liebevolle Tiere bekannt, bilden die erwachsenen Weibchen einen Kreis um das Muttertier mit seinen Jungen, wenn diese gesäugt werden, um die erwachsenen Männchen fernzuhalten, bis sie satt sind.

Man könnte meinen, dass die Frauen der westlichen Welt es noch besser machen als Hyänen. Doch dem ist nicht so, und dafür gibt es Gründe. Es ist nicht der fehlende politische Einfluss – zumindest nicht in den letzten hundert Jahren –, der die Frauen in der westlichen Welt ausbremst, sondern es sind jahrhundertealte Kräfte weiblicher Unterdrückung. Das emotionale Gift ist über die Jahrhunderte weitergegeben worden. Wir verbrennen zwar keine Hexen mehr, aber das Misstrauen gegenüber der Macht des Weiblichen ist immer noch nicht ganz aus unserem Bewusstsein getilgt.

Im Mittelalter war das Wort »Hexe« gleichbedeutend mit »weise Frau«; ihre »Hässlichkeit« war schlicht eine Projektion der Kirche, eine Karikatur mit dem Ziel, die Macht der Frauen zu verunglimpfen und zu unterdrücken. Unsere Erdverbundenheit ebenso wie unsere Spiritualität wurden als bedrohlich erachtet. Während heidnische Priesterinnen junge Männer mit sexuellen Riten in das Mannsein einführten, erklärte das Christentum unsere Sexualität nur dann als heilig, wenn sie der Fortpflanzung diente.

Eine Frau, die keine Kinder mehr bekommen konnte, hatte also keine »heilige« Funktion mehr. Tatsächlich waren es vor allem ältere, unverheiratete Frauen, die in der Zeit der Hexenverbrennungen ihr Leben ließen. Eine Frau, die nicht nach der Pfeife der Kirche und ihrer Lehren tanzte, tanzte gewiss mit dem Teufel. Aber während man heute über diese Vorstellung lachen kann, entbehrt die Tatsache, dass unzählige Frauen auf dem Scheiterhaufen hingerichtet wurden, jeder Komik. Die Hexenverbrennungen waren ein gezielter Angriff auf die Sache der Frauen.

Wir Frauen haben Angst, unsere wilde, starke Seite zu zeigen – im Namen unserer Kinder, unseres Planeten Erde oder was auch immer –, weil wir nicht als »Hexen« etikettiert werden wollen. Wir möchten nicht als »böses Weib«, als »streitbar« angesehen werden. Die Folge ist, dass wir gerade in Fragen, die besonders wichtig sind, nur allzu oft den Mund halten.

Heidnische Frauen priesen die göttliche Verbindung zwischen dem einzelnen Menschen und den Kräften der Natur. Ihre Priesterinnen stellten auf rituelle Weise eine Verbindung zwischen den Seelen untereinander und der sie umgebenden Welt her. Ihre Vernichtung durch die Hand der Kirche war nicht nur für sie selbst eine Tragödie, sondern auch für die Entwicklung der westlichen Welt. Denn ihr Verschwinden kündigte in vielerlei Hinsicht die ökologische Krise an, die wir heute erleben, es bereitete einem Zeitalter den Weg, in dem es als vertretbar erachtet wird, dass die Menschheit die Natur dominiert. Um diese globale Krise zu beenden, müssen wir die Denkweisen abschaffen, die sie hervorgerufen haben. Wir müssen Wiedergutmachung dafür leisten, wie wir die Erde entweiht haben, aber auch Wiedergutmachung dafür, wie wir eine Kultur missachtet haben, in der die Weisheit der Frauen ihren rechtmäßigen Platz hatte.

Dass wir heute begreifen, was diesen Frauen angetan wurde, und ihre spirituelle Kraft zurückfordern, lässt hoffen, dass die Menschheit sich wie durch ein Wunder vielleicht doch noch selbst heilen kann, ehe es zu spät ist.

Wunder erwachsen aus tiefer Gewissheit, und es gibt keine tiefere Gewissheit als die einer Mutter. Wenn wir Frauen unseren Verstand noch beisammen haben, dann lassen wir nicht zu, dass die Erde zerstört wird. Denn wir sind die Mütter der Erde.

Endlich erinnern wir uns an unsere vergessenen Kräfte, nicht nur zur physischen Fortpflanzung, sondern auch zur spirituellen Erneuerung. Wir werden die Geschichte verändern; dieses Mal werden wir dafür sorgen, dass die Titanic abdreht, ehe sie mit dem Eisberg zusammenstößt; wir werden den irrsinnigen, selbstmörderischen Marsch ins Verderben mit den Regierungen der Welt an der Spitze wie durch ein Wunder stoppen; und das wird geschehen, weil wir es so wollen.

Wir Frauen müssen zuerst die ekstatischen weiblichen Impulse für uns reklamieren, ehe wir wieder in der Fülle unserer Weiblichkeit auftreten können. Die Hexen von gestern werden in Frieden ruhen, hoffe ich, da sie nun in einer neuen Frauengeneration das Mitgefühl finden, das sie verdienen. Wir trauern um sie und um uns selbst. Für jede Frau, die sich nicht Gehör verschaffen kann, die nicht die ihr gemäße Liebe erleben kann, die ihre Stärke nicht zum Ausdruck bringen kann, die unsere Welt nicht heilen kann – für jede von ihnen ist eine Frau bei lebendigem Leib verbrannt worden, weil sie sich nicht hat kleinmachen lassen. Mögen wir, wenn wir uns, gerüstet mit neuem Verstehen, auf den Weg machen, auch unsere lange verschüttete Leidenschaft wiederentdecken. Und mögen unsere Schwestern, die man so schändlich behandelt hat, ihren Frieden finden.

Schon als kleines Mädchen, ich erinnere mich noch gut daran, habe ich mich zu Mädchen hingezogen gefühlt, die ein paar Jahre älter waren als ich. Genauso ging es mir mit dreißig und vierzig, und heute ist es nicht anders. Ich habe immer gespürt, dass diejenigen, die ihren Lebensweg schon ein kleines Stück weiter gegangen waren, mir etwas Wichtiges zu zeigen hatten.

Das gleiche Muster erkenne ich heute, nur von der anderen Seite: Ich habe jüngere Freundinnen, die ich spirituell als meine jüngeren Geschwister empfinde, und ich vermute, dass es ihnen ebenso geht. Es ist, als würden sie in ihr weibliches Potenzial hineinwachsen und mich ehren, indem sie meines wertschätzen. Es ist wichtig, dass wir alles in unserer Macht Stehende tun, um der jüngeren Generation Vorbild zu sein. Das heißt nicht, dass wir mit den Jahren vollkommen geworden sind. Wohl kaum. Aber es heißt, dass wir uns wirklich ernsthaft darum bemühen, ein so redliches Leben wie möglich zu führen.

Mentorin für andere zu sein ist nicht einfach eine nette Geste, es muss nicht einmal eine bewusste Entscheidung sein. Es ist eine Haltung, die Sie als Teil der natürlichen Ordnung ganz von selbst einnehmen. Wenn Sie selbst reifer werden, tauchen diejenigen, die in der Zeit nach Ihnen kommen – und sie sind es, die am meisten von dem profitieren, was Sie ihnen beibringen können – von selbst in Ihrem Leben auf. Und ich meine damit nicht nur das, was Sie wissen, sondern auch das, was Sie ihnen vorleben.

Ich weiß nicht, wo ich heute stünde, wenn nicht Menschen meinen Lebensweg gekreuzt hätten, die mir das eine oder andere genau in dem Moment zeigten, als ich es brauchte. Jetzt bin ich an der Reihe, ein paar Teile des Lebenspuzzles für diejenigen zusammenzufügen, die auf mich und meine Erfahrung bauen. Wie wir uns verhalten, wie wir uns bemühen – oder auch nicht –, Harmonie in unser Umfeld zu bringen, das sind gewissermaßen holographische Lehren, die wir ununterbrochen an die Menschen um uns herum weitergeben. Eine jüngere Freundin, die für mich wie eine kleine Schwester ist, hat einmal zu mir gesagt: »Du meinst immer, ich höre nicht auf dich, aber ich achte auf jedes Wort, das du sagst.«

Manchmal bemerke ich, wie die Augen jüngerer Menschen bei etwas, das ich in meinem Vortrag sage, aufleuchten. (Verstehen Sie mich bitte nicht falsch: Ich habe auch schon erlebt, dass sie die Augen verdreht haben.) Ich weiß, wie aufregend es ist, wenn man jung ist und von Dingen hört, die einem noch vollkommen neu sind, wenn man jemanden in der Gesellschaft eine Rolle einnehmen sieht, mit der man selbst schon liebäugelt. Ich war auch einmal auf dieser Seite, und jetzt bin ich auf der anderen.

Ich treffe eine junge Frau, die sagt, eines Tages möchte sie dasselbe tun wie ich, und ich erwidere lächelnd: »Dann mal los, Mädchen.« Ich treffe einen jungen Mann, der mir mit einer respektvollen Verbeugung eine Rose überreicht; ich zeige, dass ich seine nette Geste zu schätzen weiß, indem ich sie liebevoll entgegennehme. Man wird uns Ältere ehren, wenn wir uns ehrenvoller verhalten. Irgendetwas stimmt nicht, wenn wir in der Lebensmitte nicht das Gefühl haben, dass wir das Beste von uns geben, ehe wir uns von dieser Welt verabschieden. Oder es zumindest versuchen.

Lieber Gott,
lass mich würdig sein,
eine ehrenvolle Rolle
im Leben derjenigen einzunehmen,
die jünger sind als ich.
Zeige mir, wie ich
deine Gaben gut nutzen und
an andere weitergeben kann.
Amen

Ich habe sagenhafte und nicht ganz so sagenhafte Geschichten von älteren Frauen gehört, die ins Kloster gegangen sind, als wäre ihre irdische Lebensreise schon vorbei und als würden sie den Schleier des Vergessens über alle weltlichen Dinge breiten. Mittlerweile denke ich, dass die Klostererfahrung vor allem eine innerliche Angelegenheit ist, unabhängig davon, ob man tatsächlich in einem Kloster lebt oder nicht. Das »Kloster«, auf das es ankommt, ist ein Raum im Herzen, wo man für Gott lebt – aber das ist nicht alles. Mit »Leben für Gott« ist nicht eine Flucht vor der Welt gemeint, sondern das höchstmögliche Bemühen darum, in ihr ein rechtes Leben zu führen. Von Ihrer Familie bis zu Ihren Freunden und Nachbarn und allem, was Sie kennen, wollen Sie das Spiel des Lebens endlich in der rechten Weise spielen. Und dies geht nur – das ist Ihnen jetzt endlich klar –, wenn Sie es so nehmen, wie es ist. Und wo es ist. Das Leben spielt sich nicht irgendwo da draußen ab. Das Leben ist bei Gott.

Wenn ich früher an Frauen im Mittelalter dachte, die um die Lebensmitte herum ins Kloster gingen (das bedeutete wahrscheinlich, mit dreißig oder fünfunddreißig Jahren!), dann taten sie mir unsäglich leid. Kein Spaß. Keine neuen Reize. Kein Sex. Und so schrecklich karg eingerichtete Schlafzimmer! Die heutige Klostererfahrung – die innerliche Variante – ist alles andere als das. Sie bedeutet: kein Vergnügen, kein aufregendes Erlebnis, kein Sex, bei dem nicht auch ein wenig Heiliges dabei ist. Oder, anders ausgedrückt: Das Heilige, wenn Sie einmal erkannt haben, was es ist, kann tatsächlich Spaß machen und aufregend sein und, zur richtigen Zeit, auch sexuell sein.

Es ist wichtig, dass Sie Ihr Leben feiern, denn es ist das Leben, das Gott Ihnen gegeben hat. Würde er Ihnen eine SMS schicken, dann stünde da, glaube ich: »Genieße es!«

In einem Interview mit der Schauspielerin Cameron Diaz las ich, sie finde, lustig und lebhaft zu sein habe ebenso seine Berechtigung wie tiefsinnig und melancholisch. Ich stutzte kurz und erkannte dann, dass ich wesentlich älter werden musste, bis ich das begriff. Die Frauen der Babyboomer-Generation wollten immer absolut ernst genommen werden, in erster Linie, weil unsere Mütter es nicht wurden. Wir unterdrückten unsere Lebensfreude in der irrigen Annahme, dass Freude albern ist. Tatsächlich aber ergreift man jede Gelegenheit zu lachen, die sich ergibt, wenn man erst einmal begriffen hat, wie absolut ernst das Leben wirklich ist. Mariane Pearl, die Witwe des in Pakistan ermordeten Journalisten Daniel Pearl, Reporter beim *Wall Street Journal*, hat einmal gesagt, Fröhlichkeit sei ein Akt des Widerstandes.

Wir Frauen werden auf vielerlei Weise für unsere lustvollen Impulse bestraft, auch von uns selbst. Jedes Mal, wenn ich auf der Straße einen Obdachlosen in irgendeiner absurden und lächerlichen Aufmachung sehe – beispielsweise mit einem Hut mit Hasenohren oder einer Jacke voller Buttons, auf denen eine UFO-Invasion angekündigt wird –, denkt ein Teil von mir: Ach, die arme Seele, und der andere Teil denkt: Hätte ich doch auch den Mumm, so herumzulaufen!

Mir ist aufgefallen, dass ich noch nie eine Statue von einer griechischen oder Hindu-Göttin gesehen habe, die nicht geschminkt und herausgeputzt gewesen wäre. Die Vorstellung, dass eine spirituelle Frau keinen Wert auf ihr Aussehen legt, hat eine Institution von Frauenhassern – wir erinnern uns – in unser Denken eingeführt, nämlich derselbe Club, der früher Frauen auf dem Scheiterhaufen zu verbrennen pflegte. Wenn also dieser Club meint, eine Frau solle sich einfach und schlicht kleiden, um ihre Frömmigkeit zu zeigen, dann werfe ich mich schnellstens in ein aufregendes Korsagenkleid. Make-up und Schmuck gibt es schon viel länger als diese Herren; schon vor Tausenden von Jahren trugen Frauen Rouge und Rubine, und sie wussten genau, was sie taten. Königin Ester rettete ihr Volk nicht dadurch, dass sie in der entscheidenden Nacht unattraktiv aussah. Jeder Versuch, Frauen zu entsexualisieren, ist ein Versuch, uns unsere Stärke zu nehmen, und uns Schuldgefühle einzureden, weil wir gut aussehen möchten, gehört auch zu diesem repressiven Spiel.

In unserer Gesellschaft ist man sich nicht einig darüber, was man von reifen Frauen halten soll, die sich um ein gutes Aussehen bemühen. Einerseits lästert man über sie, wenn sie sich »gehen lassen«, aber ebenso wird gelästert, wenn sie etwas für ihr Aussehen tun. Ich finde das ganze Gerede über »natürlich Altwerden« ziemlich lächerlich. Können wir bitte mal über Pestizide, Umweltverschmutzung, Karzinogene, das Ozonloch, Sorgen, die Angst vor dem finanziellen Absturz und die Scheidungsrate reden? Nichts von all dem Stress, der in unserem Gesicht seine Spuren hinterlässt, ist unbedingt natürlich. Wenn eine Frau sich die neueste Anti-Aging-Creme bestellt, sich Botox spritzen oder was auch immer an sich machen lassen will, um sich schöner zu fühlen, dann sollte sie das meiner Meinung nach tun. Wer sich in späteren Jahren mit einer Superdiät fit hält, um attraktiv zu bleiben, altert nicht weniger würdevoll als eine Frau, die ihre Falten einfach akzeptiert.

Es ist nicht »seriös«, wenn man gut aussehen will? Was ist so seriös daran, wenn man nicht gut aussieht? Die fabelhaft aussehende und alterslose Gloria Vanderbilt hat einmal gesagt, dass Schönheit ein Geschenk Gottes ist und wir verpflichtet sind, sie uns, solange wir können, zu erhalten. Jedenfalls sehe ich nicht, wie es einer Frau in einer bitterarmen Weltgegend helfen soll, wenn ich verhärmt aussehe. Hingegen erkenne ich durchaus einen Sinn darin, mich in jedem Bereich meines Lebens um das Bestmögliche zu bemühen, denn dadurch kann ich ein Level erreichen, das es wahrscheinlicher macht, dass ich ihr wirklich helfen kann.

Wenn man nicht gut für sich selbst sorgt, heißt das noch nicht, dass man gut für andere sorgt. Eine Frau, die gut für sich sorgt – körperlich wie geistig –, nimmt damit teil an einem wunderbaren weiblichen Abenteuer – einem Abenteuer, das emotional, intellektuell, spirituell und sexuell sein kann.

Mir fällt auf, dass ich mehr Kraftstoff für den Motor meines Lebens – als Mutter, als Aktivistin, als Autorin, als Bürgerin meiner Stadt, als schöpferischer Mensch in allen möglichen Bereichen – aus meinem Schlafzimmer beziehe und dem, was dort passiert, als von irgendwo anders her. Ich könnte hundert Schreibtische kaufen und würde dennoch zum Schreiben weiterhin auf meinem Bett sitzen. Die Bibliothek ist nicht mein »Kraftraum«, ebenso wenig mein Arbeitszimmer oder meine Küche. Wo ich meine Leidenschaft am intensivsten lebe, dort ist mein »Kraftraum«. Und darin weiß ich mich mit den Göttinnen jeder Kultur und jedes Zeitalters einig. In der Antike gab es der Liebe und Erotik geweihte Tempel zuhauf. Einen richtigen Tempel habe ich nicht, aber ein Schlafzimmer, also fange ich dort an.

Manchmal, wenn ich an all das Leid in der Welt denke – von Folter bis hin zu Sklaverei, Krieg und Kindesmissbrauch –, dann erfüllt mich die Erkenntnis, dass es eine gewaltige Gegenkraft geben muss, die die Menschheit vor der vollständigen Selbstzerstörung bewahrt, mit großer Ehrfurcht. Denken Sie doch nur: Jede Sekunde wird ein Mensch geboren. Jede Sekunde stirbt ein Mensch. Der Kreislauf des Lebens geht weiter, rund um die Welt in jedem Augenblick. Und: Jede Sekunde (das hoffe ich zumindest) erlebt irgendjemand irgendwo einen ekstatischen Orgasmus mit jemandem, den er oder sie liebt. Ich glaube, dieser Kreislauf der Ekstase trägt zur Bewahrung der Welt ebenso viel bei wie jede andere Kraft.

Worte des Hasses, Akte der Gewalt, schreckliche Dinge, die am helllichten Tag geschehen – nichts von alledem hat letztlich Bestand vor den Akten wahrer Liebe, von denen viele im Dunkel der Nacht vollzogen werden. Es gehört von alters her zu den Aufgaben der Frauen, sich um das Heim zu kümmern, und jener wunderbare Moment im Dunkeln gehört auch dazu. Wir sollten unsere Funktion als Hüterinnen des erotischen Feuers in Ehren halten. Das Schlafzimmer ist der Ort, wo wir sowohl unsere Kinder empfangen als auch unsere Liebespartner »heilen«, und beides trägt zum Überleben der menschlichen Spezies bei.

Dies ist umso wichtiger, wenn eine Frau »in die Jahre kommt«, denn wir setzen die Kraft des Bewusstseins ein, um zu kompensieren, was naturgemäß dahinschwindet. Sobald wir die fruchtbaren Jahre hinter uns haben, interessiert es die Natur nicht mehr sonderlich, ob wir jemals noch Sex haben oder nicht! Wir bekommen keine große Unterstützung mehr von der Natur, so wie früher.

Aber es geht bei unserer sexuellen Anziehungskraft nicht bloß um Babys; es geht um Verzauberung. Wir locken Männer nicht ins Bett, nur um uns fortzupflanzen; wir locken sie ins Bett, um ihr Herz zu entflammen. Wir locken sie in einen verzauberten und verzaubernden Raum, damit sie mit Hilfe der Alchemie der Liebe zu ihrer Größe finden können, und wir zu der unseren. Das ist keine Aufgabe, die beendet ist, wenn wir älter werden; in gewisser Weise ist es eine Aufgabe, die wir dann erst verstehen. Die Lebensmitte ist nicht die Zeit unserer Entzauberung. Vielmehr sollten wir dann unseren Zauber in voller Stärke wirken lassen.

Interesse und Begeisterung klopfen jenseits der fünfzig nicht seltener an Ihre Tür als in jungen Jahren. Nur öffnen Sie ihnen häufiger, wenn Sie jünger sind, und lassen sie ein. Mit zunehmendem Alter steht man aufregenden Erlebnissen zwiespältig gegenüber. Man sagt vielleicht: Ja, das wäre schön, aber gleichzeitig ist man nicht sicher, ob man die nötige Energie dafür hat. Ganz sicher aber wird Ihre Energie immer weniger, wenn Sie die allerbeste Energiepille zurückweisen, nämlich am Leben teilzunehmen.

Mein Vater ist fünfundachtzig Jahre alt geworden, und er war sein ganzes Leben lang ein interessanter Mensch. Einer seiner Standardsätze war: »Du musst abenteuerlustig sein!« Und das war er, weiß Gott. Das bezeugen nicht nur die dramatischen Abenteuer auf seinen Reisen in alle Welt; es zeigte sich auch daran, wie er sich im Alltagsleben verhielt. Wie er mit dem Cabrio herumfuhr, selbst wenn es regnete, weil »nur Weicheier das Verdeck schließen«. Wie er seine kleinen Kinder anstelle normaler Spiele Übungen machen ließ, die der Theaterreformer Stanislawski für Schauspieler konzipiert hatte. Wie er mit einer griechischen Matrosenmütze herumlief, obwohl wir in Texas lebten, nur für den Fall, dass die griechische Marine anrufen sollte und ihn brauchte! Was immer er tat, er war mit Leib und Seele dabei – mit aller Leidenschaft und Lebenskraft. Ein

Mann wie mein Vater setzte nicht auf Vitamine als Energiespender. Er setzte auf das Leben selbst, das ihm die Energie, die er selbst investierte, doppelt zurückgab.

Das Christentum kennt den Begriff der Passion für das Leiden Christi oder der Märtyrer. Das Wort kann aber auch »Leidenschaft« bedeuten. Ich denke, in der Lebensmitte sollten wir in genau diesem doppelten Sinne passioniert Mensch sein – als Menschen, die genug erlebt haben, um die Passion des Lebens mit all seinen Freuden und Leiden erfahren zu haben. In dem Maße, wie es uns gelingt, unsere Freude an unserer eigenen neuen Lebendigkeit zu zeigen, können wir auch andere Menschen moralisch aufbauen und ihnen neuen Auftrieb geben.

In traditionellen Kulturen kommt älteren Menschen die Rolle zu, die Stammesfeste anzuführen. Wir sind diejenigen, die die Lebenslust bewahren. Wenn eine zwanzig Jahre jüngere Frau als ich verkündet, dass sie schwanger ist, dann empfinde ich es als Erfüllung einer Art grundlegender Funktion, ihr zu sagen, dass ich das für die tollste Sache der Welt halte. Es ist, als würde ich diese Äußerung stellvertretend für etwas tun, das größer ist als ich selbst. Ein Teenager, der in eine Sportmannschaft aufgenommen wird oder bei einem Schreibwettbewerb mitmacht; eine junge Frau, die bei der Firma, in der sie seit Jahren arbeitet, am Management-Trainee-Programm teilnehmen kann; ein junger Mann, der eine eigene Firma gründet oder sein erstes Geschäft abschließt – in jedem dieser Fälle kann die unterstützende Begeisterung eines älteren, erfahreneren Menschen eine Erinnerung sein, die den jüngeren ein ganzes Leben begleitet. Die Menschen müssen wissen, dass die Welt auf ihrer Seite steht, und für einen jüngeren Menschen wird »die Welt« häufig von dem jeweiligen Älteren verkörpert, mit dem er oder sie in diesem Augenblick gerade spricht.

Etwas zu feiern ist kein passiver Akt; es ist ein Akt, der aktiv etwas in Bewegung bringt. Ich erlebe immer wieder, wie junge Menschen etwas mit der Bemerkung herunterspielen: »Ach, das ist doch nicht der Rede wert«, obwohl ich weiß, dass für sie ein Traum wahr geworden ist. Wenn ich dann aber mit Entschiedenheit sage: »Aber nein, das ist es sehr wohl!«, dann ändert sich ihre ganze Haltung.

Ich tue das für sie, und ich tue es für mich. Hat man einmal lange genug gelebt und genug Tränen vergossen, dann weiß man, welch ein Geschenk es ist, sich über etwas freuen zu dürfen. Lebensfrohe Menschen haben nicht deshalb eine so positive Einstellung zum Leben, weil sie es nicht besser wüssten. Nein, gerade weil sie es besser wissen, sind sie so positiv eingestellt. Sie wissen, dass sie jeden Tag ein Schicksalsschlag treffen kann. Seien wir dankbar, wenn es nicht heute geschieht.

Bei mir stand einmal monatelang eine Flasche guter Champagner im Kühlschrank für den Tag, an dem es etwas zu »feiern« geben würde. Bis sie schließlich jemand einfach mitgenommen hat. Ich habe die Botschaft verstanden. Ich hatte zu lange gewartet.

Lieber Gott,
ich will dich loben und dir danken
für die Wohltaten in meinem Leben.
Mögen sie nicht geschmälert werden
durch meinen Mangel an Wertschätzung.
Lehre mich, Gutes für mich anzunehmen

und anderen zu helfen, das ihnen Zugedachte
ebenfalls anzunehmen.
Amen

Ich erinnere mich noch gut an eine Zugfahrt in England, nachdem ich mich in Oxford von meiner Tochter verabschiedet hatte, die dort an einem Kurs der Universität teilnehmen wollte. Sie hatte mir ihre Lieblingsplätze gezeigt, die sie bei ihrem Besuch im vorigen Sommer entdeckt hatte: die Crêperie, in der sie mit Freunden bis tief in die Nacht über Kapitalismus und Marxismus diskutierte (o ja, mein Schatz, deine Mutter war auch mal jung, ich kenne diese Diskussionen); die unter König Heinrich VIII. erweiterte Christ Church (meine Tochter und ich kommen immer wieder auf die Geschichte mit Anne Boleyn zu sprechen, wobei ich der Meinung bin, man kann es drehen und wenden, wie man will: seine Frau köpfen zu lassen, das ist Missbrauch der Gattin); und bei unserem tiefgründigen Gespräch an jenem Morgen über Philosophie und Liebe fiel mir ein, dass ich noch einiges erledigen musste, beispielsweise meine Zähne mit Zahnseide zu bearbeiten.
Auf der Rückfahrt nach London vergoss ich ein paar Tränen. Mein süßes Baby war kein Baby mehr, nicht einmal mehr ein kleines Mädchen. Sie ist in der Altersgruppe, die Louisa May Alcott so differenziert als »kleine Frauen« bezeichnete. Schon bald würde es nicht mehr heißen: »Mami, darf ich?«, sondern vermutlich viel häufiger: »Mama, schick mir bitte Geld!«
Diese Übergangsphase bedeutet für mich eine ebenso tiefgreifende Veränderung wie für sie. In manchen Din-

gen war ich als Mutter gut, in anderen durchschnittlich und in manchen wahrscheinlich richtig schlecht. Ich habe in meinem ganzen Leben keinen Kuchen gebacken. Zwar kaufe ich mir immer wieder Kochbücher, aber ich lese sie nur und sage mir dann: Nö. Doch wir haben alle unsere Gaben, und die meinen möchte ich unbedingt an meine Tochter weitergeben.

Unsere Kinder sind mehr als unsere Schützlinge; sobald die Pubertät vorbei ist, sollten sie unsere Schüler sein. Die tiefergehenden Lektionen des Lebens sollten unsere Kinder von uns lernen können – sie sind dann gewissermaßen unsere Lehrlinge darin, wie man das Leben gut lebt. Ich möchte nicht, dass meine Tochter meint, von mir fortgehen zu müssen, um etwas wirklich Wichtiges zu lernen. Ich möchte mehr sein als nur die Sittenpolizei in Kleidungsfragen. Ich möchte meiner Tochter eine Art mystische Mentorin sein.

Kinder großzuziehen ist eine spirituelle Übung für Fortgeschrittene. Sie in den Armen zu halten, wenn man für sie die ganze Welt bedeutet, kann einen emotional manchmal fast überfordern; sie loszulassen, wenn sie zu größerer Eigenständigkeit bereit sind, ist dann wieder eine ganz andere Herausforderung. Und die Kommunikation nicht abreißen zu lassen, ist oft leichter gesagt als getan. Es ist ganz anders als früher, als sie einfach süße kleine Zwerge waren, die in süßen kleinen Overalls brav mit anderen süßen kleinen Kindern spielten. Ich sehe immer wieder Eltern mit hinreißend niedlichen Babys, die zum Glück nicht wissen, dass sie eines Tages nicht mehr alles unter Kontrolle haben werden, und dann denke ich bei mir: Ach, ihr Lieben, ihr werdet schon noch sehen. Aber ich sage nichts, ich lächle nur.

Sollen sie diese Zeit genießen, solange es geht. Sie werden die bedingungslose, grenzenlose Liebe ihrer Kinder, an die sie sich so sehr gewöhnt haben, schneller verlieren, als sie denken.

Für jede Mutter, jeden Vater kommt der Moment, in dem ein gewisser Blick in den Augen ihres Kindes signalisiert: »Jetzt verstehe ich. Ha, ich habe dich durchschaut!« Sie müssen das sich entfaltende Leben eines Kindes respektieren lernen, dessen Schicksal letztlich nicht mehr in ihrer Hand liegt. Irgendwann springt ein glühender Funke Lebenskraft von uns auf unsere Kinder über, und nur wenn wir dies zulassen, kann auch in uns selbst ein neues Feuer zu brennen beginnen. Wir dürfen dieses Feuer, das so lange unseres war, nicht krampfhaft festhalten, wenn es nicht mehr allein uns gehört. Wir müssen loslassen und mit gemischten Gefühlen zusehen, wie es sich in unseren Söhnen und Töchtern entzündet.

Das bedeutet aber nicht, dass unsere Kinder bei diesem Prozess die alleinigen Gewinner sind, während wir nur verlieren. An jenem Tag auf der Rückfahrt von Oxford weinte ich, aber ich lächelte auch. Meine Tochter war jetzt frei in einer Weise, wie nur junge Menschen frei sein können. Doch auch ich war frei in einer Weise, wie es nur jemand sein kann, der ein Kind aufgezogen und gesehen hat, wie es groß wurde. Meine Tochter und ich, wir sind beide in gewisser Weise flügge geworden.

Wir beginnen beide einen neuen Lebensabschnitt mit Jahren voller Magie. Jede muss dem für ihr seelisches Wachstum vorgezeichneten Weg folgen. Einerseits kann ich mir nicht vorstellen, wie ich mich fühlen werde, wenn ich beim Blick auf die Uhr gegen viertel nach eins am Nachmittag nicht mehr unwillkürlich denke: »Ach, jetzt wird sie bald kommen!« (Teenager haben eine unnachahmliche Art, türenknallend ins Haus zu stürmen, wenn sie von der Schule kommen, und dabei lautstark »Ich bin da!« zu rufen, als wäre es die tollste Nachricht des Tages.) Andererseits weiß ich, dass in der Zukunft neue Erfahrungen auf uns warten, wenn wir nicht mehr in derselben Stadt wohnen; sie werden anders sein als die, die wir heute miteinander teilen, aber nicht weniger schön.

Nur wenn Sie den anderen wachsen lassen, können auch Sie selbst wachsen. Manchmal bedeutet das natürlich, dass ein anderer Mensch einem gewissermaßen entwächst. Und obwohl man instinktiv das Gegenteil annehmen würde, wird die Bindung umso enger, je mehr man dem anderen den Abstand lässt, den er braucht. Je mehr ich meine Tochter gehen lasse, desto mehr lässt sie mich an sich heran.

Ich werde nie vergessen, wie ich meine süße Kleine zwischen Kissen auf mein Bett packte, mich neben sie setzte und schrieb. Ich denke oft an diese Szene, wenn sie heute nach der Schule quer über demselben Bett hingefläzt mit Freundinnen telefoniert und endlos über Hausaufgaben, das Leben und alle möglichen Geschichten schwatzt. Die guten alten Zeiten sind vorbei, das weiß ich wohl. Eines Tages, als ich ihr zusah, stiegen mir Tränen in die Augen bei dem Gedanken, wie schnell sie groß wurde; unsere Gespräche über Gott und die Welt täglich nach der Schule würde es nicht mehr viel länger geben. Doch dann wurde meine Traurigkeit von einer Vorstellung abgelöst, die genauso schön war wie die Szene, die ich gerade beobachtete. Ich sah uns beide wieder hier sitzen, auf diesem Bett, aber dieses Mal war ein anderes Baby dabei, eine frischgebackene Mutter war bei Oma zu Besuch. Das Baby ist wunderhübsch, die Mutter hingerissen und die Oma ziemlich cool. Zumindest in meiner Phantasie, und darum bete ich.

Lieber Gott,
bitte kümmere dich um mein geliebtes Kind,
dessen Lebensweg nun von mir fort führt.
Mögen Engel sie begleiten,
und möge sie ihren Weg finden.
Möge meine Liebe zu ihr
wie ein Licht sein, das sie umgibt,
an allen Tagen ihres Lebens.
Amen

Kapitel 6

Einander loslassen,
einander neu begegnen

*V*or einer Weile landete der Sänger und Songwriter
Rupert Holmes einen Hit mit einem Lied über ein ver-
heiratetes Paar, von dem beide per Anzeige einen Partner für ein Abenteuer suchen – mehr Abenteuer, als in
ihrer Ehe geboten war. Natürlich wissen in dem Lied
beide nicht, dass auch der jeweils andere sich danach
sehnt, auch mal aufregendere Dinge zu zweit zu tun.
Das finden sie dann heraus, weil jeder jeweils auf die
Anzeige des anderen antwortet.

Vor Jahren kannte ich einen Mann, der nach dem Tod
seiner Frau aus tiefstem Herzen bedauerte: »Ich habe
mit ihr nie die Reisen gemacht, die sie gerne gemacht
hätte. Ich habe ihr viel zu selten gesagt, wie sehr ich sie
liebe. Es gibt so vieles, was ich mit ihr gemeinsam hätte
tun sollen und nicht getan habe …« Es war tragisch, ihn
all diese Dinge erkennen zu sehen, jetzt, da es zu spät
war.

Viele Menschen verweigern sich – aus verschiedenen
Gründen – dem großartigen Abenteuer, das die Liebe
sein kann. Oft liegt sie direkt vor unserer Nase, und
trotzdem greifen wir nicht danach. Wenn wir einfach
keinen Energiefluss spüren, wenn es einfach nicht der

richtige Mensch ist, dann ist das eine Sache. Aber manchmal ist es der richtige Mensch, die Energie ist da – aber wir geben der Beziehung nicht die Zeit, den Raum oder die Aufmerksamkeit, die notwendig sind, um etwas, das schon ziemlich gut ist, zu etwas Wunderbarem zu verwandeln.

Wenn man einmal ein bestimmtes Alter erreicht hat, empfindet man den Gedanken, eine Chance ungenutzt verstreichen zu lassen – insbesondere die Chance auf Liebe –, als die Blasphemie, die es tatsächlich ist. Sie könnten Gott genauso gut anspucken, wie sich der Chance zu verweigern, wirklich zu lieben. Warum aber gewinnt in der Lebensmitte die Liebe noch einmal eine so besondere Bedeutung? Weil wir uns von der Illusion verabschiedet haben, dass der zündende Funke alle Tage vorbeigeflogen kommt.

Ein Freund von mir hat einmal gesagt: »Ich hatte immer solchen Bammel davor, mich für den Rest meines Lebens an eine Frau zu binden ..., aber jetzt hört sich ›der Rest meines Lebens‹ gar nicht mehr so schrecklich lang an!«

Viele von uns haben Verletzungen davongetragen, die sie daran hindern, angstfrei zu lieben. Die Angst vor der Liebe ist zwar selten berechtigt, aber oft durchaus verständlich. Sich von Ängsten zu lösen, die sich über viele Jahre hinweg aufgebaut haben, um die Liebe erleben zu können, die gerade jetzt auf einen wartet – auch das ist eine Herausforderung der Lebensmitte.

Lieber Gott,
bitte lass die Mauern
um mein Herz einstürzen.

Nimm mir meine Angst
und schenke mir neue Lebensfreude,
damit ich wieder lieben kann.
Amen

Zu unseren größten Ängsten gehört offenbar die Furcht, verlassen zu werden. Denn es wird eine ganz alte Wunde wieder aufgerissen, wenn jemand, dessen Liebe uns viel bedeutet, sich eines anderen besinnt.

Was auf metaphysischer Ebene bei der Trennung von einem geliebten Menschen geschieht, ist, dass wir unsere ursprüngliche Trennung von Gott erneut durchleben – oder zumindest die Illusion, dass wir jemals von ihm getrennt sein könnten. Tatsächlich wäre eine solche Trennung derart vernichtend für das ganze Universum, dass es nicht weiterexistieren könnte. In Wahrheit ist unsere Einheit mit Gott – und miteinander – ein fundamentaler, unveränderlicher Aspekt der Realität.

Weil wir uns dessen nicht bewusst sind, verschieben wir unseren Hunger nach bewusstem Kontakt mit Gott auf unsere Suche nach einem Liebespartner. Die Beziehung mit einem Partner versetzt uns in einen Rausch, denn sie erinnert uns an unsere Einheit mit Gott; eine Trennung erschüttert uns deshalb so sehr, weil sie uns daran erinnert, wie es sich anfühlt, von ihm getrennt zu sein. Und wir geraten in einen schwierigen Kreislauf: Weil ich mich von Gott getrennt fühle, sehne ich mich umso mehr nach einem Partner. Weil ich aber von Gott getrennt bin, befinde ich mich auch nicht in einem Zustand der Ganzheit. Weil ich nicht im Zustand der

Ganzheit bin, steigt die Wahrscheinlichkeit, dass ich die Geschichte mit meinem Partner verbocke.

Und so kann Liebe die Hölle sein – aber auch der Himmel.

Es lohnt sich, beide Varianten einmal näher anzuschauen.

Manchmal ist der Mensch, der alles Leid von uns nimmt, auch derjenige, der uns schließlich noch mehr Leid zufügt.

Ich hatte einmal die allerschönste Liebesbeziehung, zumindest dachte ich das. Dann, eines Tages, war sie einfach zu Ende. Ich hatte schon von Menschen gehört, die von jetzt auf gleich ihre Familien verlassen und nie mehr zurückkehren. Aber ich dachte immer, da müsse doch mehr dahinterstecken; so simpel war die Sache bestimmt nicht. Es steht doch niemand morgens auf und sagt sich: »Es ist vorbei«, und das war's dann. Zumindest glaubte ich das, bis es mir selbst passierte.

Ich gehöre zu den Menschen, die reden müssen ... um zu verstehen, zu verarbeiten und, wenn sonst nichts mehr geht, wenigstens vergeben zu können und Vergebung zu erlangen. Aber es gibt Menschen, denen es zu viel ist, am Ende einer Beziehung noch groß zu reden. Vielleicht befürchten sie, dass dabei allerlei Unerwünschtes zur Sprache kommen könnte. Aus welchem Grund auch immer erscheint es solchen Menschen besser, den anderen Menschen mit einem harten Schnitt aus ihrem Leben zu entfernen, alle Brücken hinter sich abzubrechen und in den wunderbaren Garten, der eine Freundschaft für den Rest des Lebens hätte sein können, eine Bombe zu werfen?

Der betreffende Mann hatte mir ein großes Geschenk gemacht. Mit ihm hatte ich eine Liebe erlebt, die mit dem, was ich als meine Lebensaufgabe betrachte, nicht im Widerspruch stand. Endlich einmal schien es keine Konkurrenz, keine Kluft zwischen meinem Liebesleben und meiner beruflichen Karriere zu geben. Ich hatte nicht das Gefühl, dass ich das eine vernachlässigte, um dem anderen wirklich gerecht zu werden, und das war neu für mich. Vielmehr fühlte ich mich von der Liebe meines Partners getragen. Ich fühlte mich sicher, wie auf einem Floß, auf dem ich mich ganz gelassen ausstrecken konnte. Zuvor hatte ich oft das Gefühl gehabt, die verschiedenen Elemente meines Lebens würden wie Teller in einem zu sehr vollgepackten Geschirrspüler klappernd gegeneinanderschlagen. Doch das war nicht mehr so, solange dieser Mann da war. Dinge, die mir sonst schwierig erschienen, waren leichter zu bewältigen. Auf Probleme, die ich als besonders belastend empfand, reagierte er mit einem gelassenen: »Hm, ja, und was sollen wir uns zum Abendessen gönnen?«, und ich schmolz dahin.

Aber dann war die Beziehung zu Ende, ganz plötzlich und auf unschöne Weise. Und für mich galt es, eine Entscheidung zu treffen. Ich konnte entweder eine Geisel meines Egos sein oder Gott Raum in mir gewähren, um wieder einmal aus *Ein Kurs in Wundern* zu zitieren. Ich wusste: Andere Menschen so loszulassen, dass nicht nur man selbst frei wird, sondern auch der andere, geht nur, wenn man ihnen einen aufrichtig gemeinten Segenswunsch mit auf den Weg gibt. Es reichte nicht, einfach zu sagen: »Ich gebe dich frei.« Ich musste sagen können: »Ich gebe dich frei und bete darum, dass Engel dich begleiten mögen. Ich gebe dich frei und hoffe, dass deine Träume wahr werden. Ich gebe dich frei und wünsche dir alles Gute.« Alles in mir sträubte sich dagegen, denn ich war voller Groll. Aber ich betete.

Kurz darauf, als ich wieder einmal in *Ein Kurs in Wundern* las, stieß ich auf genau das Prinzip, das ich in diesem Augenblick brauchte. Ich wurde daran erinnert, dass wir in Gottes Augen alle gleich heilig sind … dass jeglicher Groll, den ich gegen einen anderen Menschen hege, mehr mit meinem eigenen Bedürfnis zu tun hat, einen Schuldigen zu finden, als mit allem, was der Betreffende mir angetan haben mag … und dass ich mich trotz aller Fehler, die jemand in der Vergangenheit gemacht haben mag, in der Gegenwart dafür entscheiden kann, Liebe in ihm zu sehen. Dies zu lesen verwandelte meine Gefühle auf wundersame Weise. Ich wurde die schmerzhaften emotionalen Schlacken los, die, die schließlich nicht meinem Ex-Partner, sondern mir den Tag verdarben.

Das Ego nährt sich an all diesem Schmerz wie ein Straßenköter, der sich aus Mülltonnen bedient, und liefert uns unaufhörlich Beweise für die Gemeinheit anderer Menschen, ihr schlechtes Handeln, ihre Ungerechtigkeit und so weiter. Es ist sehr verlockend, sein Augenmerk allein auf die Probleme des anderen zu richten und dabei ganz außen vor zu lassen, was wir selbst vielleicht aus einer bestimmten Situation lernen müssten. Eines der wichtigsten Geschenke jeder Beziehung ist das Geschenk der Selbsterkenntnis. Letzten Endes ist dies der Sinn der Liebe: dass wir eines Tages Liebe *werden*. Und alles, was jemals geschieht, soll uns zeigen, wo wir in diesem Wandlungsprozess gerade stehen.

Eines Morgens musste ich sofort an meinen Ex-Partner denken, als ich aufwachte. Und ich sprach spontan ein Gebet, aber ich bat Gott nicht mehr darum, mir durch diese Erfahrung zu helfen, sondern ihm. Vom Verstand her war mir natürlich klar, dass dieser Mann sich am Ende unserer Beziehung nicht so schäbig verhalten hatte, weil er ein gemeiner Kerl war, sondern vielmehr ein verwundeter Mensch. Mein eigener heftiger Schmerz hatte es mir unmöglich gemacht, aufrichtiges Mitgefühl für seine Verletzungen zu empfinden. Genau darin aber bestand meine Lektion: ein tieferes Mitgefühl für die Wunden des anderen zu entwickeln, damit dann mein eigenes Verletztsein geheilt werden kann. Und an dem erwähnten Morgen gelang es mir endlich. Ich konnte mir vorstellen, wie viel Schmerz mein Ex-Partner in sich gehabt haben musste, irgendwo tief drinnen, um die Art von Beziehung, die wir gehabt hatten, einfach so wegzuwerfen. Ich dachte an einen Satz von Ralph Waldo Emerson: »Wenn du jemandem begegnest, so denke daran, dass er einen schweren Kampf kämpft.« Jetzt konnte ich das auch bei meinem Ex-Partner sehen. Ich betete für ihn und wünschte ihm, dass er geheilt würde.

Ebenso konnte ich nun erkennen, worauf sich unsere Seelen vielleicht stillschweigend verständigt hatten. Wie bei vielen Frauen hatte auch bei mir ein gewisser Zorn auf Männer im Allgemeinen – von nicht verfügbaren Vätern bis hin zu nicht verfügbaren Liebespartnern – mein Herz in einer Weise verhärtet, die mir nicht guttat. Als ich diesem Mann vergab, für ihn betete, ihm wirklich von Herzen alles Gute wünschte, spürte ich, wie etwas in mir in Bewegung kam. Er stand für jeden Mann, der mir jemals das Gefühl gegeben hatte, abserviert zu sein. Diesem einen Mann zu vergeben half mir, ihnen allen zu vergeben. Und dann, auf einer tieferen Ebene, war ich frei.

Das Geschenk Gottes bestand schlicht darin, dass ich diese Erfahrung machen konnte, und eine Erfahrung kann man nicht in Besitz nehmen. Sie ist da, wenn sie da ist, und vorbei, wenn sie vorbei ist. Letztlich kommt man zu der Erkenntnis, dass einem alles und nichts gehört. Wie Helena in Shakespeares Sommernachtstraum über ihren geliebten Demetrius sagt: »Ich fand Demetrius, so wie ein Kleinod, mein und auch nicht mein eigen.«

Als junger Mensch klammert man sich an die Liebe in der Hoffnung, dass sie ewig halten möge. Als älterer Mensch weiß man, dass man nicht zu klammern braucht, denn sie hält tatsächlich für immer. Menschen kommen, und manchmal gehen sie auch wieder. Die Liebe aber bleibt, wenn sie in einem selbst bleibt.

Oft sagen Leute: »Er (oder sie) hat mir so furchtbar weh getan. Wie soll ich jemals wieder einem Menschen vertrauen können?« Aber Glaube an die Liebe bedeutet nicht Glaube in jemandes Persönlichkeit; es bedeutet Glaube an die unveränderliche Natur der Liebe selbst. Glaube an die Liebe ist nicht Glaube an eine andere Person, sondern letztlich der Glaube an uns selbst. Er bedeutet, Vertrauen in unsere Fähigkeit zur Erkenntnis und zur Vergebung zu haben. Er bedeutet Vertrauen in unser Vermögen, mit jeder Faser unseres Herzens zu lieben, aber in dem vollen Bewusstsein, dass wen oder was wir heute lieben, morgen fort sein kann.

In diesem Sinne ist wahre Liebe immer ein Risiko. Doch

das Universum ist nicht darauf angelegt, uns einfach nur zu geben, was wir haben möchten. Es ist darauf angelegt, uns zu lehren, wie man liebt. Und wenn wir andere Menschen glücklich machen, solange sie bei uns sind, ihnen unsere Liebe aber versagen, wenn sie uns verlassen, dann haben wir selbst die Liebe noch nicht erhalten, sind selbst noch nicht zu Liebe geworden. Eine Liebe, die nicht von Dauer ist, ist keine Liebe.

Worauf wir vertrauen können, das ist der Wille Gottes. Es geschieht in göttlichem Auftrag, dass wir in das Leben anderer eintreten, der Geist wirkt durch das Unterbewusstsein, um uns mit den Menschen zusammenzuführen, bei denen unsere Chance auf seelisches Wachstum am größten ist. Das bedeutet aber nicht, dass die Lektionen, die wir zu lernen haben, immer leicht sind. Es kann sogar sein, dass uns jemand nur deshalb geschickt wurde, damit wir eine Lektion namens Urteilsvermögen lernen – mit anderen Worten, damit wir lernen, wovon wir uns fernhalten sollen.

Manchmal lehrt uns auch eine Erfahrung dessen, was wir nicht wollen, letztlich erst, was wir wirklich wollen. Manchmal befreit uns der Mensch, der uns in den Grundfesten erschüttert, erst zu unserer wahrsten Liebe. Etwas war nicht so, wie Sie es sich erhofft hatten, aber vielleicht ging es genau darum. Es war eine Beziehung, die Sie zu sich selbst befreit und dadurch auf einen höheren Weg gebracht hat. Wahre Liebe kann erst kommen, wenn Sie sich selbst kennen, und Sie können sich erst selbst kennen, wenn Ihnen gewisse Neigungen »ausgetrieben« worden sind.

Vielleicht haben Sie sich immer nur etwas Unverbindliches gewünscht, weil Sie für eine verbindliche Beziehung nicht bereit waren. Jetzt, nachdem Ihnen jemand davongelaufen ist, sind Sie bereit, Ihrerseits nicht mehr fortzulaufen. Jetzt, da Sie verletzt worden sind, sind Sie so weit, anderen nicht mehr dasselbe anzutun. Und jetzt ist eine wahre Liebe – jemand, der Sie weder verletzt noch davonläuft, noch von Leid angezogen wird – auf dem Weg zu Ihnen. Wie der persische Mystiker Rumi schrieb: »Aus einem erschütterten, offenen Herzen entspringt ein Quell feuriger, heiliger Leidenschaft, der niemals austrocknet.«

Lassen Sie also keine Chance verstreichen. Machen Sie sich bereit, mit Herz und Seele.

Vielleicht sind Sie in dieser Welt von einer Liebe enttäuscht worden – und können also endlich lernen, sich nur auf Gott zu verlassen.

Lieber Gott,
ich lege meine vergangenen Beziehungen
in deine Hände.
Lehre mich, anderen zu vergeben,
lieber Gott,
damit mein Groll mich nicht länger belastet.
Ich gebe die Menschen frei, die mich verletzt
  haben:
Mögen sie jetzt zur Freude finden.
Möge mir vergeben werden
für die Verletzungen, die ich anderen zugefügt
  habe.
Mögen wir alle wahren Frieden finden.
Amen

Das Problem ist: Solange wir uns nicht auf Gott verlassen, verlassen wir uns meist übermäßig auf andere Menschen. Da wir die Liebe, die jederzeit für uns da ist, nicht annehmen, werden wir umso empfänglicher für Lieben, die nicht wirklich gut für uns sind.

Als ich klein war, lief im Fernsehen die ungemein beliebte Serie *Vater ist der Beste*, an die ich mich noch gut erinnere. Jedes Mal, wenn die älteste Tochter – sie war im Teenageralter – ins Zimmer kam, strahlte ihr Vater sie mit einem breiten Lächeln an und sagte: »Hallo, Prinzessin!« Bei einem Mädchen, das in diesem Alter von seinem Vater so sehr geliebt, geradezu angebetet wird, wird sich eine emotionale Neigung zu Männern einprägen, die sie in ähnlich bewundernder Weise behandeln. Gesunde männliche Aufmerksamkeit wird sich für sie normal anfühlen; sie wächst mit dem Wissen auf, wie eine derartige Bewunderung sich ausdrückt und wie sie darauf reagieren sollte.

Fehlt jedoch diese Art männlicher Zuwendung, dann wächst das Mädchen in vielen Fällen zu einer Frau heran, die eine solche bewundernde Bemerkung entweder schroff abwehrt, weil ihr diese Bewunderung gänzlich fremd ist, oder derartige Äußerungen umgekehrt als Quasi-Heiratsantrag empfindet. In beiden Fällen besteht dort, wo ein echtes Gespür für ihr weibliches Selbst sein sollte, ein Vakuum. Und sie übt als unauthentischer Mensch eine unwiderstehliche Anziehungskraft auf andere unauthentische Menschen aus.

Eine Frau, die in ihrer Kindheit niemals die Erfahrung gesunder männlicher Zuwendung machen konnte, ist besonders empfänglich für emotionale Blender – für »Charmeure«, die genau das Richtige sagen und mit

Gedichten beeindrucken, hinter deren Liebesschwüren aber nur selten ernsthafte Absichten stehen. Auch der »Charmeur« wurde als Kind fast immer seelisch verletzt. Aus irgendeinem Grund musste er als kleiner Junge ein derartiges Verhalten lernen, um zu überleben. Er muss sehr früh die Erfahrung gemacht haben, dass Täuschung anstelle von Authentizität der Normalfall war. Der bewusste Kontakt zu seiner tieferen inneren Wahrheit wurde durch die Notwendigkeit verdrängt, die passenden Worte oder das passende Verhalten zu finden, um eine traumatische Situation zu überstehen. Das Leben lehrte ihn, sich zu verstellen. Statt in Kontakt mit seinen echten Gefühlen und seiner inneren Wahrheit zu bleiben, lernte er, blitzschnell immer genau das Verhalten an den Tag zu legen, das ihm kurzfristig einen emotionalen Vorteil verschafft.

Wer in jungen Jahren schon sehr gut gelernt hat, andere Menschen zu manipulieren, der ist als Erwachsener ein Meister in dieser Kunst. Einem solchen Menschen fehlt es einfach an Integrität; nicht, weil er ein schlechter Mensch wäre, sondern weil er als Kind aus seinem spirituellen Zentrum verbannt wurde und noch nicht gelernt hat, es sich zurückzuerobern. Damals, als Kind, war er ein Opfer; als Erwachsener jedoch wird er für sein Verhalten auf die eine oder andere Weise zur Rechenschaft gezogen. »Das Universum führt über alles genau Buch«, sagte einmal eine meiner Bekannten.

Wie oft haben wir das unannehmbare Verhalten eines Menschen nicht schon mit Bemerkungen entschuldigt wie: »Aber innerlich ist er doch nur ein verletzter kleiner Junge!« Worauf eine Freundin von mir einmal entgegnete: »Das war Hitler auch!« Dass ich Mitgefühl für jemanden empfinde, bedeutet nicht, dass ich ihn nicht trotzdem aus meinem Adressbuch entferne.

Geschädigte Menschen schädigen andere Menschen. Und sie fühlen sich zu anderen geschädigten Menschen hingezogen. Wir sollten uns also in Acht nehmen.

Menschen wie der Mann und die Frau, die ich oben beschrieben habe, ziehen sich gegenseitig an, denn ihre Neurosen passen perfekt zusammen. Er ist ein Meister der Verstellung, und sie fällt leicht auf eine gute Vorstellung herein. Ihre Egos verfolgen die Absicht, die alten Wunden beim jeweils anderen wieder aufzureißen, doch Gottes Plan ist es, dass sie die Wunden des anderen heilen sollen. Welche, das liegt bei ihnen. Wer bereit ist, Beziehungsarbeit zu leisten, und sie als Chance zur Selbstheilung sieht, wird auf jeden Fall davon profitieren, ob der andere mitzieht oder nicht. Und letzten Endes kommen wir alle einmal an den Punkt: Lektionen, die wir nicht gelernt haben, werden uns so lange präsentiert, bis wir sie lernen.

Der Heilungsprozess kann mit Schmerzen verbunden sein – ob es die letztlich heilsame Scham der Demütigung ist, der wir uns stellen müssen, oder der Schmerz, uns von jemandem, dessen seelische Prägungen nicht gut für uns sind, trennen zu müssen, obwohl wir diesen Menschen immer noch lieben. Dem Schmerz, den ein Verharren im neurotischen Muster mit sich bringt, ist jedoch der mit Heilung verbundene Schmerz sicherlich vorzuziehen.

Die Frau wird feststellen – wenn sie nach einer Erklärung sucht –, dass ihr irdischer Vater recht häufig abwesend war, ihr himmlischer Vater hingegen immer für sie da ist, sie immer lieben wird und sie als unversehrten

Menschen geschaffen hat. Dieser Mensch wird sie immer bleiben. Der Mann wird entdecken – falls er seine spirituelle Suche fortsetzt –, dass seine so früh erlernten Täuschungsmuster, die inzwischen zu offenbar kaum beherrschbaren Kräften geworden sind, Heilung erfahren können und werden, wenn er sie sich eingesteht und darum betet, von ihnen erlöst zu werden.
Werden die beiden ihre Verletzungen überwinden können? Wird sie in dem Gefühl für ihr wahres Selbst so stark werden, dass die falschen Romantiker für sie jeden Reiz verlieren und sie zukünftig die authentische Liebe dem vorgetäuschten Ersatz vorzieht? Wird es ihm endlich so sehr zu schaffen machen, wie sehr er anderen mit seinem Verhalten weh tut, dass er Gott um Beistand bittet, sich verändern zu können? Die Entscheidung bleibt jedem selbst überlassen. Wer lernt und wächst, wird mit den Jahren reifer. Wer das nicht tut, wird lediglich alt ...

Lieber Gott,
bitte lass meine aus Liebe entstandenen
　Verletzungen heilen,
damit ich wahre Liebe geben und empfangen
　kann.
Lehre mich, wie ich Liebe in mein Herz lassen
　kann,
und was ich tun kann, damit sie bleibt.
Amen

Die Schauspielerin Ellen Burstyn beschreibt in ihren großartigen Memoiren *Lessons in Becoming Myself*, wie sie nach langen Jahren mit wechselnden Ehemännern und Liebespartnern eine Pause von fünfundzwanzig Jahren – ich wiederhole: fünfundzwanzig Jahre – ohne Partner einlegte, ehe sie schließlich die gesunde, wohltuende Liebesbeziehung fand, die sie sich immer gewünscht hatte. Sie verabredete sich in dieser zölibatären Zeit nicht einmal mit jemandem, so sicher war sie, dass jede Affäre, die sie anfinge, nur wieder dieselben alten Muster aktivieren würde wie in ihren bisherigen Beziehungen.

Ich nenne das »Sex-und-Liebe-Fasten«. Natürlich würden die wenigsten Menschen, die eine solche Phase durchmachen, sie als »Fasten« bezeichnen. Wir sehen sie vielleicht als »Trockenperiode« oder gar das »endgültige Ende von alledem«; wir meinen vielleicht, es läge daran, dass wir älter geworden sind und damit als Liebespartner nicht mehr so attraktiv wie früher. In Wirklichkeit ist es oft so, dass wir auf einer unterbewussten Ebene eine Art Beziehungsstopp verfügt haben, egal, wie sehr das Bewusstsein protestiert und behauptet, dass wir doch »so gerne jemanden kennenlernen würden«.

Warum? Eine Freundin mittleren Alters antwortete mir einmal auf die Frage, ob sie denn jemanden kennengelernt habe: »Nein, es regt mich total auf, wie ich mich in einer Beziehung verändere. Lieber gehe ich ins Kloster.« Wenn Sie einmal erkannt haben, dass Sie in jeder Beziehung demselben Dämon begegnen – Ihrem eigenen nämlich –, dann erkennen Sie auch, dass Sie niemals die wahre Liebe finden werden, solange Sie sich nicht mit diesem Dämon auseinandersetzen. Denn dieser Dämon verhindert es. Dieser Dämon aus Ihrem Arsenal der Selbstsabotage kommt in unterschiedlicher Gestalt daher: als Unsicherheit, Übergriffigkeit, Eifersucht, Unaufrichtigkeit, alter Groll, Kontrollzwang, Bedürftigkeit oder irgendeine andere Form persönlicher »Unechtheit«, die immer wieder dazu führt, dass Sie entweder die »schlechten« Partner anziehen oder es mit den »guten« vermasseln. Die Macht dieses Dämons zu unterschätzen wäre naiv.

Nachdem eine ihrer Liebesbeziehungen wieder einmal gründlich schiefgegangen war, sagte eine Freundin zu mir: »Noch so eine Geschichte überlebe ich nicht.« Ich verstand, was sie meinte, und den meisten Leuten wird es ebenso gehen. Es kommt eine Zeit, in der man das Gefühl hat, dass der Liebesrausch zu Beginn einer Beziehung den Schmerz beim endgültigen Ende nicht wert ist; in der das Risiko einer Bruchlandung schwerer wiegt als der Reiz des Höhenflugs. Und diese Zeit ist ... ja, genau! ... meistens die Zeit der Lebensmitte.

Warum? Vor allem deshalb, weil eben oft viele Jahre vergehen, bis man genug Katastrophen erlebt hat, um wirklich alles dafür zu tun, nicht noch eine durchmachen zu müssen. Und außerdem fällt es einem nicht mehr so schwer, sich gegen seine Hormone durchzusetzen. Der Körper protestiert nicht mehr so lautstark, wenn man ihm eine Pause ankündigt. Vielmehr ist es ihm ganz recht, wenn er eine Weile Ruhe hat.

Die Sehnsucht nach Liebe ist noch immer da, aber sie verwandelt sich in etwas weniger an eine Person Gebundenes. Nicht in dem Sinn, dass Sie es nicht schön finden würden, ein vertrautes Gespräch mit einem geliebten Menschen zu führen oder sich in seine Arme zu kuscheln; nur weniger an eine Person gebunden in dem Sinn, dass das Leben einem die Illusion, irgendein

Mensch könnte einem allen Schmerz nehmen, gründlich ausgetrieben hat. Man erkennt, dass all die romantischen Mythen, mit denen wir aufgewachsen sind, durch die selbst gemachten Erfahrungen gründlich diskreditiert sind. Solange diese unglaubwürdig gewordenen Mythen nicht durch ein neues Verständnis dessen ersetzt werden, was Liebe ausmacht, kommt nichts Vernünftiges heraus, ganz egal, was wir tun.

Wie gesagt: Das bedeutet nicht, dass Sie sich nicht immer noch nach Liebe sehnen – die Sehnsucht selbst hört nie auf. Es ist sogar so, dass genau dann, wenn Sie ein für alle Mal genug haben, schon allein diese Tatsache die Erkenntnis ermöglicht, die Sie frei macht. Wie heißt es bei den Anonymen Alkoholikern: Jedes Problem trägt seine Lösung in sich. Oft erkennt man erst, was man sich alles angetan hat und warum, wenn man durch die Liebe wirklich zutiefst verletzt worden ist.

Sie beginnen also zu fasten. Von einem Tag auf den anderen bleibt Ihr Telefon stumm. Ebenso wie Ellen Burstyn müssen Sie erst einmal – im übertragenen Sinn – Ihren Geschmackssinn neutralisieren.

Ellen Burstyn hatte begriffen, dass ihre negativen Beziehungsmuster die Verletzungen in ihrer Kindheit spiegelten, die sie so lange wiederholen musste, bis sie heilten. So ist es bei uns allen. Solange diese Arbeit auf einer gewissen Ebene nicht getan ist, kommt man aus dem Kreislauf des Leids auch nicht heraus. Unser Unterbewusstsein hat ganz recht, wenn es uns eine Weile von Liebe und Sex gebührenden Abstand halten lässt, denn diese Arbeit findet tief in unserem Inneren statt. Wir »fasten« nicht, um uns abzuschotten; wir »fasten«, um weiterleben zu können.

Zuerst war die Kindheit mit all ihren Verletzungen. Dann kamen die Jahre als junger Erwachsener und all die persönlichen Katastrophen, die wegen der Verletzungen in der Kindheit passierten. Und dann kommt die Lebensmitte und mit ihr die Zeit, sich endlich damit auseinanderzusetzen, was in Kindheit und jungem Erwachsenenalter geschehen ist. Die Lebensmitte ist die Zeit der Heilung, damit unsere Seele endlich von der Vergangenheit erlöst und frei werden kann für die Liebe in all ihrer Fülle, wie sie jetzt sein kann.

Die vielen Menschen mittleren Alters, die man in Seminaren zur Persönlichkeitsentwicklung antrifft, nehmen sicher nicht daran teil, weil sie mit der Liebe fertig sind und nichts Besseres zu tun haben. Oft würden ihre Erinnerungen jüngere Menschen schockieren. Ziehen Sie doch einfach vierzig Jahre ab, wenn Sie einem älteren Menschen begegnen, dann wissen Sie, wie alt er (oder sie) in den wilden 60er Jahren war. Aber die neue Lebensmitte ist nicht die Zeit, unseren Erinnerungen an verflossene Lieben nachzuhängen und über die Dämonen, denen wir damals begegneten, nachzugrübeln; es ist die Zeit, endlich die Fähigkeit zu entwickeln, die Dämonen in die Hölle zurückzuschicken.

Manchmal fragt man sich auch, ob man nicht sein Zeitfenster verpasst hat. Ellen Burstyn schreibt, sie habe das Gefühl gehabt: »Jetzt, da ich endlich weiß, wie man richtig liebt, ist es zu spät, fürchte ich.« In diesem Satz spiegeln sich die Ängste vieler Menschen. Doch es ist nur ein letzter verzweifelter Versuch des Dämons – ganz typisch für ihn –, uns Angst zu machen, ein ganz normaler schmerzlicher Gedanke, der uns kurz vor dem Wunder durch den Kopf schießt.

Sobald Ihr Geist und Ihre Seele wieder in Einklang sind, können Sie endlich wieder lieben. Dann manifestiert das verletzte Ich der Kindheit sich nicht mehr in Beziehungen, die scheitern müssen. Mitgefühl, Integrität, Wahrhaftigkeit, Großzügigkeit und Güte werden zu Schlüsselelementen Ihrer neuen Liebesfähigkeit. Sie können endlich erkennen, was Sie in der Vergangenheit falsch gemacht haben, und sich selbst vergeben, das Verhalten anderer Menschen verstehen und, sofern notwendig, ihnen ebenfalls vergeben. Es ist diese Art Demut, die Sie wieder in den Zustand der Reinheit und Gnade bringt.

Im Nachwort ihres Buches beschreibt Ellen Burstyn, wie sie schließlich den Mann ihrer Träume traf, und als ich die letzte Seite gelesen hatte, dachte ich: Jetzt möchte ich die Fortsetzung lesen! Hunderte von Seiten hatte ich über die Schrecken ihrer Vergangenheit gelesen; jetzt wollte ich unbedingt wissen, wie es sich anfühlt, wenn endlich alles richtig gut läuft.

So wie bestimmte Nahrungsmittel eine Zeitlang marinieren müssen, brauchen auch unsere Fähigkeiten in Sachen Liebe manchmal Jahre, bis sie in all ihrer Fülle zusammenwirken. Ich wollte von Ellen Burstyn wissen, wie es ist, jetzt, wo sie endlich das Gefühl hat, zu lieben und auf gute Weise geliebt zu werden. »Was ist anders?«, fragte ich sie.

»Erst mal ist da wesentlich mehr Respekt«, antwortete sie, »und man beurteilt den anderen viel weniger. Gespräche eskalieren nicht mehr zu Streit, und Streit nicht mehr zu Gewalt.« Sie hielt inne. »Und außerdem kann ich jetzt einen Mann sein lassen, wie er ist.«

In jungen Jahren hatten wir oft Liebe, wussten aber

nicht, was wir damit anfangen sollten. Dann, manchmal nach einer sehr langen Zeit als Einsiedler, allein in der Wüste, finden wir die Liebe wieder, oder sie findet uns. Und dieses Mal wissen wir etwas damit anzufangen. Die Zeit in der Wüste – das »Fasten« – bedeutete kein Ende; es war unsere Erlösung zur Liebe.

Lieber Gott,
bitte offenbare mir
die Bedeutung des Mannseins,
seine Besonderheit und Größe.
Amen

Ich hasse es, wenn bei irgendeinem Formular verlangt wird, eine der Optionen »ledig«, »verheiratet« oder »geschieden« anzukreuzen. Diese Frage lasse ich regelmäßig aus, das ist meine Art zu sagen: »Das geht euch überhaupt nichts an!«
Ich glaube, ich empfinde sie einfach als zu persönlich. Ich fühle mich meiner emotionalen Identität beraubt, wenn ich jemandem erlaube, aufgrund solcher äußerlicher Kategorien Vermutungen über mich anzustellen. (Beruhige dich, Marianne. Es ist nur ein Fragebogen vom Zahnarzt.)
Was natürlich nicht heißen soll, dass es egal ist, ob wir ledig oder verheiratet sind. Es soll nur heißen, dass es bei den tieferen Fragen der Liebe nicht um die Form, sondern um den Inhalt geht. Was die Impulse in Sachen Liebe am häufigsten blockiert, ist ein unterdrücktes Selbstgefühl: Viele Männer sind in ihrem Mannsein unsicher, und viele Frauen in ihrem Frausein. Der Um-

und Irrweg unserer Generation in eine sexuelle Ambiguität trug mit dazu bei, dass viele von uns über Jahre hinweg emotional verkümmerten. Wenn eine Frau denkt, dass sie ihr »maskulines Selbst« stark betonen kann und ein Mann sie trotzdem haben möchte, oder wenn ein Mann denkt, dass er sein »feminines Selbst« stark betonen kann und eine Frau ihn trotzdem haben möchte, dann entsteht Verwirrung, die zu Schmerz und Leid führt. Dieser Trend flaut allmählich wieder ab, doch die daraus resultierende, für unsere Generation so typische Wunde ist noch nicht geheilt. Es ist einer der doch vielen Bereiche, in denen unsere Eltern es manchmal richtig gemacht haben – vielleicht aus den falschen Gründen, aber auf eine Weise, die wir nicht verstanden, haben sie es richtig gemacht.

Meine Mutter war unverblümt und ungehemmt schwatzhaft. Sie gab zu allem ihren Kommentar ab. Wenn ihr etwas nicht passte, dann bekam man das auch zu hören. Und mein Vater schien nie zu denken, dass er das Recht hatte, ihr den Mund zu verbieten. Er wollte es offenbar auch gar nicht. Dennoch … manchmal setzte er eine Grenze – nicht ihren Äußerungen, aber dem Unbehagen, das sie ihm bereiteten.

Mein Vater nannte meine Mutter nie beim Namen, nie, sondern immer nur »Schatz«. Aber hin und wieder – nicht oft, aber bei den seltenen Gelegenheiten, bei denen sie sich lang und breit über etwas auslieẞ in einer Weise, die ihm unangenehm war – warf mein Vater ihr einen kurzen Blick zu und sagte: »Sophie Ann.« Und meine Mutter verstummte. Das war's. Es brauchte lange Jahre und viele Tränen, bis ich begriff, was für eine glückliche Frau meine Mutter gewesen war.

Wenn eine Frau sich keinen Zwang antun will, wenn sie stark und wild und auf kreative Weise hemmungslos sein will, kann sie sich keinen Partner leisten, der sie in irgendeiner Weise unterdrückt, kleinmacht oder dafür bestraft, dass sie ist, wie sie ist. Dies vorausgeschickt, ist es ein Segen für eine Frau, wenn sie mit jemandem zusammen ist, der sagen kann: »Bist du sicher, dass du so weit gehen willst?«, und zwar auf eine Weise, die es weder an Zuneigung fehlen lässt noch ihr Selbstvertrauen untergräbt.

Das, wonach sich viele Frauen am meisten sehnen, ist ein Ort, an dem sie entspannt sein können. Wir sind wie das Wasser in einem Swimmingpool. Natürlich wissen wir den festen Boden zu schätzen; wir müssen dann aber auch einfach das Wasser sein. Wie eine Frau ist, nicht, was sie tut, das ist es, was Liebe anzieht wie ein Magnet. Und kein Seinszustand ist stärker als die tiefe Akzeptanz dessen, was ist. Wir fragen viel zu oft: »Wie kann ich diese Situation ändern?«, anstatt zu überlegen: »Wie kann ich in dieser Situation in der bestmöglichen Weise sein?«

Wenn Sie Single sind und gerne einen Partner hätten, werden Sie nur dann für andere anziehend, wenn Sie die Lektionen des Singledaseins gelernt haben. Überlegen Sie nicht, wie Sie einen Mann »abkriegen« könnten. Überlegen Sie, wie Sie die coolste Frau der Welt werden können – und wenn Sie es sind, werden Sie diese Erfahrung so sehr genießen, dass es Sie gar nicht mehr interessiert, ob die Männer Sie beachten oder nicht. Was sie natürlich tun werden. Ich habe diesbezüglich eine Menge recherchiert und könnte zu diesem Thema noch manches sagen.

Zu den Fragen, die eine besonders heimtückische Art der Selbstsabotage darstellen, gehört: »Warum lerne ich einfach nicht den richtigen Mann (oder die richtige Frau) kennen?« Diese Frage geht davon aus, dass es irgendwo diese(n) Richtige(n) gibt, vielleicht in der Mongolei oder sonstwo, und wenn Sie nur wüssten, wo er (oder sie) lebt, dann könnten Sie mit dem nächsten Flug hindüsen.

Da aber metaphysisch gesehen nichts außerhalb von uns existiert – alles, was wir erleben, ist eine Spiegelung dessen, was in unserem Kopf vorgeht –, wäre es unsinnig, in die Mongolei zu fliegen, wenn wir nicht bereits das perfekte Gegenstück für unseren idealen Partner sind. Und wenn wir dafür bereit sind, brauchen wir nirgendwohin zu fliegen, weil er (oder sie) einfach in unserem Leben auftauchen wird.

Wenn Leute sich bei meinen Vorträgen melden – was oft vorkommt – und sagen, dass sie vor allem darunter leiden, noch keinen Partner gefunden zu haben, dann entgegne ich meistens ganz spontan: »Sagen Sie mir die Wahrheit; ich weiß, Sie kennen sie. Was tun Sie, um sich die Liebe vom Leib zu halten?«

Oft höre ich das Publikum überrascht Luft holen, als hätte ich etwas sehr Provokantes gesagt. Und vielleicht habe ich das auch: Ich habe einen Menschen gebeten, sich mit sich selbst auseinanderzusetzen. Ich habe ihm nahegelegt, die volle Verantwortung für seine Erfahrung zu übernehmen. Und meistens bekomme ich, nach einer kleinen Pause, eine aufrichtige und aufschlussreiche Antwort:

»Ich verhalte mich oft bedürftig wie ein kleines Kind.«

»Ich ziehe durchaus Männer an, aber dann verhalte ich

mich selber wie ein Mann, und sie hauen wieder ab. Ich bin nicht sehr weiblich.«

»Ich werde schnell eifersüchtig.«

»Ich bin oft aufbrausend.«

»Ich bin ein Kontrollfreak.«

»Ich will unbedingt Kinder, und Männer spüren das.«

Worauf ich meist etwas antworte wie: »Aha, na, ist es da nicht wunderbar, dass Ihre große Liebe noch nicht aufgetaucht ist? So können Sie sich jetzt mit dieser Sache auseinandersetzen und ruinieren sich nicht noch eine gute Chance!«

Mit anderen Worten, es ist nicht nur erklärbar, warum die betreffenden Männer und Frauen Singles sind – es ist auch gut, dass sie allein sind! Das ist ihre Zeit, sich vorzubereiten. Zeit für all die Arbeit, innerlich und äußerlich, die damit einhergeht, sich zu dem großen Geschenk zu machen, das Sie wirklich sind – nicht ein Sammelsurium aus diffusen Emotionen, ungeheilten Neurosen und zerbrochenen Träumen aus einer Vergangenheit, für die man sich selbst noch nicht vergeben hat.

Das, woran es vor allem zu arbeiten gilt – immer –, sind unsere Gedanken. Sobald wir uns etwas als mangelhaft vorstellen, schaffen wir noch mehr Mangel. Warum? Weil »Mangel« dann unsere Kernvorstellung ist. Wenn Sie überzeugt sind, es mangle Ihnen an etwas, ziehen Sie mehr Mangel an. »Mir mangelt es in meinem Leben an Liebe«, das ist kein Gedanke, der einen Partner anzieht. »Ich finde mich rundherum gut« bringt Sie schon eher weiter.

Und was wir wirklich niemals tun sollten: einer Statistik glauben. Vor Jahren wurde in einer großen Zeitschrift verkündet, eine Frau jenseits eines gewissen Alters – sprich: um die Lebensmitte – habe bessere Chancen, von einem Terroristen getötet zu werden, als einen Liebespartner zu finden. Und wissen Sie was? Diese Zeitschrift nahm ihre Aussage schließlich zurück. Wir haben also doch noch eine Chance? Na, vielen Dank auch! Aber wir haben aus dieser kleinen publizistischen Kehrtwende etwas Wichtiges gelernt: Wir sollten darauf achten, was wir lesen. Halten Sie die Augen offen, damit Sie nicht irgendwelchen Mist in Ihr Bewusstsein lassen. Und erwarten Sie von den Meinungsmachern dieser Welt nicht, dass sie auch nur das Geringste darüber wissen, was in Ihrem persönlichen Universum vorgeht.

Eine Freundin bemerkte mir gegenüber einmal: »Ich hasse es, Single zu sein. Wenn ich allein auf eine Party gehe, habe ich immer das Gefühl, dass alle denken, sie müssten mich bedauern, und das tun sie dann auch.« Das seien doch nur ihre Gedanken, nichts anderes, entgegnete ich ihr. »Und außerdem«, fügte ich hinzu, »denken sie, dass du dich nach der Party mit George Clooney triffst.« Die Lebensmitte ist die Zeit, in der man endlich aufhören kann, auch nur eine Sekunde daran zu verschwenden, was andere Menschen wohl von einem denken. Sollen sie denken, was sie wollen. Es sind Ihre Gedanken, die Ihre Erfahrung erschaffen.

Liebe fühlt sich zu demjenigen hingezogen, der die Kunst der Liebe meisterhaft beherrscht. Sie fragt nicht: »Wie alt sind Sie?« Und ebenso wenig fragt sie: »Wie lange haben Sie gebraucht, um all das zu lernen?« Sie fragt nur, ob Sie bereit sind. Und wenn Sie es sind, wird sie kommen.

Es kann viele Jahre dauern, bis Sie vor der Tür stehen, hinter der die Liebe wohnt, und nur noch wenig oder gar kein Gepäck mehr mit sich herumtragen. Die dazu notwendige seelische Entwicklung war vielleicht mit vielen harten Kämpfen verbunden: von seelischer Bedürftigkeit zu Selbstvertrauen, vom Alles-kontrollieren-Wollen zum Loslassen, von einem ängstlichen zu einem unbeschwerten Menschen, von fordernd zu dankbar annehmend, von überreagierend zu ausgeglichen, von überkritisch zu unterstützend, von vorwurfsvoll zu nachsichtig ... nicht zu vergessen die Entwicklung von Flanell zu Spitze. Aber wenn Sie einmal so weit gekommen sind, dann sind Sie wirklich angekommen.

Ein Mann hat einmal zu mir gesagt: »Du hast alles, wovon ich mein Leben lang geträumt habe.« Und ich dachte bei mir: »Ach, mein Schatz, wenn du wüsstest ...!«

Wenn Sie einmal geliebt haben, dann sind Sie mit ziemlicher Sicherheit auch den Dämonen begegnet, die eine solche Erfahrung begleiten: Angst, Lügen, Vertrauensbruch – von der einen oder anderen Seite. Aber Sie können zwischen zwei Möglichkeiten wählen, wenn die Dämonen aufgetaucht sind. Sie können entweder zaghaft und ängstlich weitermachen, mit einer energetischen Ausstrahlung von: »Ich fürchte mich vor den Dämonen. Ich trage bergeweise inneren Ballast mit mir herum.« Oder Sie können weitermachen mit der phantastischen Ausstrahlung, die nur die Erfahrung der Liebe mit all ihren Wechselfällen verleihen kann, eine Ausstrahlung, die signalisiert: »Ich habe den Dämonen ins Auge geblickt, aber ich habe sie besiegt.«

Kein toller Mann wird sich für eine verbitterte Frau begeistern, die er am Abend zuvor kennengelernt hat. Er könnte sich aber durchaus für eine Frau begeistern, deren Augen und deren wissendes Lächeln ihm sagen, dass sie die Männer ziemlich gut kennt und trotzdem der Meinung ist, dass es sich lohnt, sich auf sie einzulassen.

In der Lebensmitte nehmen Sie die Männer anders wahr als in jüngeren Jahren. Damals, als Sie sich selbst noch schwach fühlten, erschienen sie Ihnen so kraftvoll und stark. Sobald Sie aber zu Ihrer eigenen Stärke gefunden haben und sich selbst auch besser wahrnehmen, sehen Sie auch die Männer auf ganz andere Weise. Ihre Kraft, all das Tolle an ihnen, ihre seelischen Verletzungen, ihre Bedürfnisse, ihre Seele, ihr Körper, alles ergibt jetzt mehr Sinn für Sie. Aber Sie sind nicht mehr abhängig von ihnen. Im hellen Licht Ihrer Erkenntnis wissen Sie, dass ein Mann Sie weder komplettieren noch verletzen kann. Erst wenn Ihre Bedürftigkeit vollständig geheilt ist, beginnt Ihr Verlangen richtig zu brennen.

Ihre Lebenserfahrung lehrt Sie unter anderem, bessere Entscheidungen zu treffen. Wenn Ihnen Angebote gemacht werden, über die Sie hinausgewachsen sind, dann wissen Sie sie jetzt auszuschlagen. Ihre mit viel Arbeit erworbene Weisheit lässt Sie wenig vertrauenswürdige Angebote eher mit »nein« beantworten, gute hingegen eher mit einem weisen, aber aufrichtigen »Ja«. Das hätten Sie aus keinem Buch, in keiner Schule lernen können.

Manchmal verwandelt einen erst der Schmerz der Liebe in einen Menschen, der den Mut findet, es trotzdem weiter mit der Liebe zu versuchen. Man dankt Gott für die Lektionen, die man gelernt hat, egal, auf welche Weise sie einem präsentiert wurden oder wie man sich zu jener Zeit fühlte. Was soll's, wenn Sie nicht mehr jung sind! Sie haben inzwischen so viel dazugelernt und so viel weniger Angst. Jetzt sind Sie bereit für die Liebe. Versuchen Sie's!

Kapitel 7

Die Liebe im Leben halten

*I*ch erinnere mich noch genau an den Moment, als der Arzt es mir sagte. Ich stand gerade in meiner Küche und hatte mich innerlich gar nicht auf den Anruf vorbereitet. Seit Jahren schon hatte ich nur schwache Monatsblutungen, und mir war bewusst, dass das möglicherweise das Ende meiner Fruchtbarkeit bedeutete, obwohl ich noch ziemlich jung war.

Und so war es. Der Arzt hatte meine Testergebnisse bekommen und eröffnete mir ganz unverblümt: »Sie haben's hinter sich.«

Die Küche begann sich zu drehen; ich fühlte mich plötzlich so schwach, dass ich mich hinsetzen musste. Und dann begannen die Tränen zu fließen. Nachdem man jahrelang alles getan hat, um nicht schwanger zu werden, ist es nun plötzlich so, dass man es gar nicht mehr werden könnte, selbst wenn man wollte. In diesem Moment bereut man jedes einzelne Mal Verhütung in seinem Leben.

Vor ein paar Jahren gab es ein beliebtes Poster mit einer weiblichen Comicfigur, die ausrief: »O Mann! Ich habe vergessen, Kinder zu bekommen!« Viele Frauen meiner Generation haben so lange gebraucht, um erwachsen zu werden, dass sie schon in mittleren Jahren waren, bevor sie sich darüber klarwurden, ob sie überhaupt Kinder wollten!

Einmal saß ich bei einem Geschäftsessen neben einem Mann etwa meines Alters, der voller Begeisterung von seinen halbwüchsigen Stieftöchtern erzählte. Er selbst habe keine Kinder, bemerkte er, und sei umso glücklicher, jetzt Stiefvater sein zu können.

Ich spürte seine große Freude und sein Staunen darüber, wie die Mädchen sein Leben bereicherten, warf ihm einen kurzen Blick zu und sagte nur: »Wir waren so verdammt bescheuert!« Er verstand offenbar ganz genau, was ich meinte, und nickte langsam.

Dieser Satz sagt eigentlich alles: Wir waren so verdammt bescheuert!

Mich hat einmal jemand gefragt, was meine Tochter meiner Ansicht nach eines Tages Großes erreichen werde, und ich antwortete: »Zuallererst wird sie, glaube ich, eine große, glückliche Familie haben.« Mein Gegenüber meinte, ich mache wohl Witze, aber dem war nicht so.

Es spielt keine Rolle, ob man Kinder will oder nicht. Dennoch wird es seelisch bedeutsam, wenn der Tag kommt, an dem man keine Kinder mehr haben könnte, selbst wenn man wollte. Bei Männern ist das offensichtlich anders, wie zahlreiche ältere, frischgebackene Väter beweisen. Offenbar weiß die Natur, wie lange Männer brauchen, um erwachsen zu werden (kleiner Scherz meinerseits). Aber bei der anderen Hälfte der Menschheit vollzieht sich Monat für Monat eine wundersame körperliche Wandlung, und dann ist es irgendwann plötzlich vorbei. Einfach vorbei.

Es hat mich beeindruckt zu sehen, wie bei meiner siebzehnjährigen Tochter ab einem bestimmten Zeitpunkt die Sinnlichkeit da war. Natürlich möchte ich nicht in Konkurrenz mit der Attraktivität einer Siebzehnjährigen treten, aber ich möchte mich doch so lange wie möglich gut halten. Es gibt ein gewisses psychoerotisches Flair – in Frankreich spüre ich es immer –, ein Gefühl, dass jede Nacht eine verzauberte Nacht sein könnte und man dafür bereit sein möchte, falls es die nächste Nacht sein sollte.

Ich erinnere mich an die Hormonschübe meiner jungen Jahre. Ich erinnere mich an das starke körperliche Verlangen nach einem Mann – irgendeinem Mann –, das ebenso plötzlich kam, wie es wieder ging. Meinen körperlichen Sehnsüchten bin ich nicht mehr in derselben Weise unterworfen wie früher, aber meine Seele hat das ganze Thema auf eine neue Ebene gehoben.

Dass beide Geschlechter über Jahre fast hauptsächlich an Sex denken, ist ganz natürlich; die menschliche Spezies kann nur weiterbestehen, wenn junge Leute das Ihre dazu tun. Aber manchmal wird, wenn das Verlangen nach Sex ein wenig nachlässt, das Verlangen nach Liebe umso deutlicher. Das Verlangen nach Bindung an sich kennt kein Alter; was sich verändert, ist unser Verständnis dessen, was Bindung bedeutet. Manche Menschen wissen eine ganze Menge über Sex, aber sehr wenig über Liebe.

Im körperlichen Bereich beginnt sich etwas abzukühlen, wenn wir älter werden. Geistig aber heizen sich die Dinge gewissermaßen auf. Reife Frauen sind nicht bloß wegen ihres Körpers interessant, sondern wegen ihres Wissens. Ein Mann erkennt, wenn auch unterbewusst, dass die Liebe einer Frau eine Initiation zu seinem eigenen Mannsein ist. Auf körperlicher Ebene mag es bloß ein Quickie auf der Rückbank eines Autos sein. Auf spiritueller Ebene jedoch ist diese Initiation das Ergebnis einer inneren Bindung, die Sex allein nicht bieten kann. Dafür braucht ein Mann mehr als eine Frau. Er braucht eine Priesterin.

Jede Frau trägt eine Priesterin in sich, aber es dauert oft ein paar Jahrzehnte, bis sie zum Vorschein kommt. Eine Priesterin ist stark und leidenschaftlich – vor allem im Bett. Und sie möchte einen Mann, keinen Jungen.

Irgendwann reicht es nicht mehr, wenn ein Mann lediglich weiß, wie er mit dem Körper einer Frau umgehen sollte. Er muss darüber hinaus auch lernen, wie er mit dem Wesen einer Frau umgehen sollte. Eines der größten Geschenke, die eine reife Frau einem Mann macht, besteht darin, dass sie das, was seine jüngeren Freundinnen verzückt aufstöhnen lässt: »Jaaa, gib's mir!«, kommentiert mit einem: »Und, was hast du sonst noch drauf?« Bei ihr wird er sich wesentlich mehr anstrengen müssen – in jeder Hinsicht.

Wem es darum geht, Babys zu machen, für den ist die jüngere Frau richtig. Mit einer jüngeren Frau kann ein Mann ein Kind bekommen. Mit einer Priesterin aber wird er viel eher den Mann bekommen, der er sein möchte. Auf körperlicher Ebene ist es der Mann, der den Samen weitergibt, auf spiritueller Ebene ist es die Frau. Letztlich befruchten wir uns gegenseitig, und dann werden wir beide wiedergeboren. Wenn ein Mann eine verzauberte Zeit mit einer Frau verbracht hat, die reif und weise genug ist, dass die Priesterin in ihr sich zeigt, wird vermutlich er derjenige sein, der einige Zeit danach anruft und sagt: »Schatz, ich glaube, ich kriege ein Kind.« Die neuen scharfen Mamas verfügen über wundersame Kräfte, die eine neue Art von Mann hervorbringen.

Eines Tages kam meine Tochter nach Hause und schwärmte mir von einem tollen neuen Song vor, den sie gerade gehört hatte. Es handelte sich um eine Coverversion von Bob Dylans *Lay, Lady, Lay*. Zu meiner Zeit hätten wir die Originalversion gehört, erklärte ich ihr. Und was mich betrifft, aber sicher auch Tausende anderer Leute meiner Generation, so haben wir den Song auch beim Wort genommen. Ich habe mich in den vergangenen Jahren oft gefragt: »Was hat meine Mutter bloß gedacht, dass wir an diesen Nachmittagen tun?«
Ich habe einmal irgendwo gelesen, dass, ganz gleich, wie alt wir sind, es immer die Musik unserer Jugend ist, die am tiefsten berührt. In meinem Fall trifft das absolut zu. Und am intensivsten erinnere ich mich an die Lieder, bei denen ich mich verliebte. Von Joan Armatrading bis Jefferson Airplane und Van Morrison gibt es Stellen, die mich an wunderbare Erlebnisse erinnern, die zu den schönsten Momenten meines Lebens zählen.
Und warum waren sie so schön? Weil es damals, wie bei der Geburt meiner Tochter, keine Trennung mehr zwischen mir selbst und einem anderen Menschen gab. Und das war real. Die Liebesbeziehungen, die wir in unserer Jugend hatten, waren durchaus real. Aber die Persönlichkeitsstrukturen, die wir später entwickelten, reichten nicht im mindesten dafür aus, so viel Wirklichkeit sicher aufzubewahren. Manches von dem, was wir in unserer Gesellschaft »reif« nennen, ist spirituell gesehen regressiv.

Ich habe bei Ehestreitigkeiten schon als Vermittlerin fungiert, und ich habe es gern getan. Ich glaube an die Institution Ehe. Aber leider zeigt sich nur allzu oft mit schrecklicher Deutlichkeit, dass ein Strudel von Gefühlen, der eine richtige Befreiung sein könnte, vom Ego in das trostloseste aller Gefängnisse verwandelt wird, nicht nur für den Körper, sondern auch für die Seele. Die Worte »Ehemann« und »Ehefrau« sollten keine Synonyme für »Mitbewohner« bzw. »Mitbewohnerin« sein. Die Liebe sollte nicht alltäglich, nicht banal werden, denn dann büßt sie ihre Magie ein. Dass man dieselbe Kaffeetasse benutzen, gemeinsam die Rechnungen durchgehen, miteinander über die Kinder sprechen und seine Ängste teilen kann, dass der Ehepartner zum besten Freund, zur besten Freundin geworden ist, gehört zu den angenehmen Seiten des auf Dauer angelegten Nestbaus, emotional aber hat es seine Tücken, wenn wir zulassen, dass der Alltag sich zwischen uns und die Liebe drängt.

Ich saß im Flugzeug einmal neben einem Mann, der mir begeistert erzählte, dass er und seine Frau ein gemeinsames Unternehmen gründen wollten. Zum ersten Mal in ihrer Ehe würden sie zusammenarbeiten. Sie hatten einen alten Schuppen hinter ihrem Wohnhaus ausgebaut und ein Büro daraus gemacht. Beide betrachteten dies als Auftakt zu einer wunderbaren neuen Lebensphase, sowohl beruflich als auch in Bezug auf ihre Beziehung.

Ich glaube, mein Gesprächspartner bemerkte, dass ich fast an meinem Schluck Rotwein erstickte, während er mir ihre Pläne schilderte.

»Was ist los?«, fragte er.

»Nichts«, antwortete ich. Schließlich kannte ich den Mann gar nicht, und es stand mir nicht zu, ihm ungebetene Ratschläge zu erteilen. Doch er blieb hartnäckig. Er bohrte nach. Und dann sagte ich auch meine Meinung.

»Meiner Erfahrung nach«, sagte ich, »ist eine Frau, wenn sie arbeitet, in einem maskulinen Modus. Im Geschäftsleben ist das gut, aber wenn sie in der Liebe ebenso erfolgreich sein will wie beruflich, braucht es einen Übergang zu einem femininen Modus.« Ich habe mich mit diesem Thema intensiv beschäftigt.

»Sprechen Sie weiter ...«, sagte er.

»Wahrscheinlich finden Sie es wunderbar, dass Sie und Ihre Frau in Zukunft nur noch das kleine Stück vom Büro in Ihre Küche zu gehen brauchen und weiter über das Geschäft reden können, während Sie das Abendessen zubereiten.«

»Und, ist das schlecht?«, fragte er.

»Nein, es ist nicht schlecht«, antwortete ich, »außer vielleicht für Ihre Ehe. Psychisch gesehen nimmt sie die Gestalt einer Geschäftspartnerschaft an, die Sie aber auch in Ihre Privaträume lassen. Mit der Zeit wird das auch für das Schlafzimmer gelten.«

»Ups!«, warf er ein. Männer werden aufmerksam, sobald es um das Thema Sex geht. »Ich sollte also lieber nicht mit meiner Frau zusammenarbeiten?«

»Das habe ich nicht gesagt!«, entgegnete ich. »Aber eines weiß ich: Wenn Sie mit dieser Sicht der Dinge etwas anfangen können – wenn Sie meinen, dass Sie und Ihre Frau die Erotik in Ihrer Ehe vor Ihrer beruflichen Beziehung schützen sollten, empfehle ich Ihnen, dass jeder von Ihnen beiden zwischen Büro und Feierabend

eine halbe Stunde für sich allein verbringt. So viel Zeit braucht Ihre Frau mindestens, um psychisch auf einen anderen Modus umzuschalten. Meditation, ein Spaziergang, sanfte Musik, Kerzen, ein Schaumbad, wonach auch immer sich ihre Seele sehnt als Balsam für ihr Nervensystem. Eine solche Übergangszeit sollten Sie beide als festes Ritual in Ihr Leben einbauen, sonst werden Sie im Bett bald eine Geschäftsfrau vorfinden, wo Sie bisher eine erotische Offenbarung erwartete.«
Ein paar Wochen später erhielt ich eine Dankeskarte von ihm. Und danach von seiner Frau ...*
Die romantische Liebe ist eine Naturgewalt. Wie eine antike Göttin will sie beschenkt sein. Sie muss in Ehren gehalten, geachtet, beschützt, gehegt und gepflegt werden. Ansonsten macht sie sich einfach aus dem Staub.

*Lieber Gott,
bitte mache mich
zu einer Meisterin der Liebe.
Offenbare mir ihre Geheimnisse
und schenke mir ihre magische Kraft.
Möge ich ihre Macht niemals
in anderer Weise einsetzen,
als es deiner Absicht entspricht.
Amen*

---

* Ich hatte ihm auch das Buch »Es zählt allein dein Glück« von Michael Drury empfohlen (Droemer 1996) und ihm erzählt, wie viel ich in dieser Hinsicht von der kalifornischen Psychologin Pat Allen gelernt hatte.

Eine Freundin erzählte mir, dass ihre inzwischen vierzigjährige Tochter heiraten würde.

»Das ist ja toll!«, sagte ich. »Ist sie sehr verknallt?«

»Also, ich weiß nicht, ob man mit vierzig noch verknallt sein kann«, erwiderte sie.

Und ich dachte bei mir: Wieso denn nicht? Wahre Leidenschaft entsteht nicht im Körper, sondern im Bewusstsein. Bestimmt etwa das körperliche Alter darüber, ob die Seele Feuer fängt? Nicht die Liebe lässt nach, wenn wir älter werden, sondern allzu oft unsere Bereitschaft, aufzustehen und ihr entgegenzugehen. Wir lieben ungestüm und furchtlos, wenn wir jung sind, bis wir die Erfahrung machen, dass die Liebe auch beängstigende Seiten hat. Und dann packen wir eine unverarbeitete Verletzung nach der anderen in eine Beziehung nach der anderen, bis Groll und Angst unsere Fähigkeit zu uneingeschränktem Liebesglück fast zunichte gemacht haben.

Unser biologisches Alter hat absolut nichts mit unserer Liebesfähigkeit zu tun. Die Lebensmitte ist keineswegs die Zeit, zu sagen: »Ach, Hauptsache wir kommen gut miteinander aus, das genügt mir«, und darauf zu verweisen, dass die »heißen Jahre« definitiv hinter uns liegen. Erotik ist keine altersabhängige Funktion. Sie wandert vielleicht von Chakra zu Chakra, aber was heiß ist, bleibt auch heiß.

Es ist nicht so, dass Liebe mit zunehmendem Alter an Spannung verliert oder langweilig wird, es sei denn, Sie selbst werden es. Im Gegenteil, als älterer Mensch lernt man manches an anderen viel mehr zu schätzen als früher, weil man damals viel zu sehr mit sich selbst beschäftigt war. Solange Sie nicht ganz und gar in sich selbst zu

164

Hause sind, werden Sie immer versuchen, das Gefühl von Vollständigkeit durch einen anderen Menschen zu erreichen. Und das funktioniert natürlich nicht. Die Liebe soll Ihr Universum nicht erst komplett machen, sie soll es erweitern. Diese Vorstellung ist jedoch nur schwer zu erfassen, solange der Gedanke eines erweiterten Universums einen nicht anspricht. Nicht nur unser Körper, sondern auch unser Geist, unser Herz und unsere Seele halten täglich neue Wunder für uns bereit. Das wahre Wunder, das ein anderer Mensch bedeutet, können Sie erst erkennen, wenn Sie das Wunderland in sich selbst erkundet haben. Das beginnt in einem bestimmten Alter, ob Sie wollen oder nicht. Und es verändert Sie. Die über etliche Jahre gesammelte Lebenserfahrung bricht einem das Herz, öffnet es aber auch gleichzeitig. Ich erinnere mich, wie ich einmal in der Nacht nach einem Amoklauf an einer Schule im Dunkeln lag und mir die Familien der Opfer so unendlich leidtaten, dass ich es kaum ertragen konnte. Ich drehte mich zu meinem Partner um und verstand, nur einen kurzen Moment lang, ganz unmittelbar, wie dicht Schmerz und Freude in der menschlichen Erfahrung beieinanderliegen. Ich liebte anders, bevor ich verstand, was Leiden bedeutet. Das Älterwerden zermürbt einen, aber man wird dadurch auch weicher. In diesem nächtlichen Augenblick wusste ich, dass es für nichts eine Garantie gibt. Und keinen wie auch immer gearteten Schutzwall gegen das Leid. Weder die Beziehung, die ich jetzt gerade habe, noch irgendein anderer Umstand kann mich vor potenziellem Kummer schützen; welche tiefen Täler auch immer das Schicksal mir zugedacht hat, ich werde sie nicht umgehen können. Doch es gibt, wenn wir offen dafür sind, die wunderbare Erfahrung eines bewussten Hier und Jetzt. Wenn wir das Gute im Leben nicht mehr als selbstverständlich ansehen, entwickeln wir eine Demut und Dankbarkeit, die uns für das, was von unserer Unschuld verlorengegangen ist, mehr als entschädigt. Die Unschuld geht, die Liebe aber bleibt. Wir müssen nichts weiter tun, als diese Wahrheit für uns anzunehmen. Ich breitete meine Arme aus und genoss meinen Geliebten mit Leib und Seele.

Einmal abgesehen von dem, was uns der Anstand gebietet, sollte das Alter Ihres Liebespartners meiner Meinung nach genauso wichtig oder unwichtig sein wie das Ihres Arztes, eines Lehrers oder der Person, die Ihnen eine Autoversicherung verkauft. Wichtig ist das seelische Wachstum, das zwei Herzen einander näherbringt. Jede Beziehung hat einen natürlichen Entwicklungsverlauf, es gibt immer eine Zeit, die genau richtig ist für die Lektionen, die uns diese Beziehung lehren soll. Manche Beziehungen sind lang, manche kurz. Die Liebe wird sich der Zeit niemals unterwerfen, denn die Liebe ist real, und die Zeit ist es nicht. Ein Augenblick wahrer Liebe zählt für manche von uns mehr als jahrzehntelanges Teilen von Tisch und Bett.

Liebe ist ein Abenteuer der Seele, ob als kurze, aber intensive Affäre oder als Ehe, bis dass der Tod uns scheidet. Ram Dass formuliert es in etwa so, dass wir einander geschickt werden »nicht ohne Grund, für eine gewisse Zeit oder für ein ganzes Leben«. Nicht die zeitliche Dauer einer Beziehung ist von Bedeutung, sondern wie tief das gegenseitige Verständnis, die Fähigkeit der Vergebung und das Wachstum in ihr gehen. Ich denke in diesem Zusammenhang oft an die wunderbare Zeile in einem Lied von Joni Mitchell: Liebe ist, wenn Seelen sich berühren. Manche Menschen schlafen über dreißig Jahre miteinander, ohne dass ihre Seelen sich jemals berührt hätten. In den Augen mancher Leute geht das trotzdem als gute Ehe durch ... Aber Liebe lässt sich auf vielerlei Weise definieren.

Ich kannte einmal einen Mann, der den Jahren nach jünger war als ich, in seinem wahren Selbst aber wesentlich stärker geerdet war als ich. Ich konnte seinerzeit nicht einfach authentisch diese Beziehung leben, sondern sagte mir immer wieder: Dieser Mann ist zu jung für dich. Bis mir eines Tages klarwurde, dass sein zweifelnder Gesichtsausdruck nicht Enttäuschung, sondern mangelnde Achtung bedeutete. Er hatte mehr von mir erwartet. Größere Ehrlichkeit nämlich.

Meine Ängste fanden damals ein willkommenes Ventil in einem Thema, das ich immer wieder aufs Tapet brachte: dass er noch keine Kinder habe und ich, da ich sie ihm nicht schenken könne, natürlich nicht die richtige Frau für ihn sei. »Für das ganze Leben wahrscheinlich nicht, da hast du recht«, erwiderte er einmal. »Aber ich habe dich nicht gefragt, ob wir ein Leben lang zusammenbleiben. Mir ging es nur um Samstagabend.«

Aber wie soll ich mich am Samstagabend entspannen, dachte ich, wenn ich schon weiß, dass die Sache nur eine begrenzte Laufzeit hat? In einer Folge von *Sex and the City* haben sie es, glaube ich, mal »Date mit Verfallsdatum« genannt. Du weißt im Voraus, dass die Beziehung nicht ewig dauern wird. Ich habe eine ganze Weile gebraucht, bis ich begriff, dass mich das Verfallsdatum auf einem Joghurtdeckel noch nie davon abgehalten hat, ihn zu genießen – warum also sollte es in der Beziehung zu einem Mann anders sein?

Zuerst erschreckte mich der Gedanke, mich in jemanden zu verlieben, wenn gewissermaßen schon ein Zeitlimit eingebaut ist, aber dann dachte ich: Aber was ist denn mit dem Tod? Habe ich jemals zu jemandem gesagt: »Tut mir leid, ich kann dich nicht lieben, denn in vierzig oder fünfzig Jahren wirst du nicht mehr da sein«? Nein. Wir sind in der doppelten Illusion gefangen, dass das Leben lang und die Liebe kurz ist. In Wirklichkeit aber ist das Leben kurz und die Liebe von ewiger Dauer.

Also gab ich dem jungen Mann eine Chance – als ob er von mir etwas hätte lernen können. Ironischerweise war es dann so, dass er derjenige war, der mehr Weisheit und Stärke in die Beziehung einbrachte. Kein Wunder: Schließlich schleppte er auch viel weniger Ängste mit sich herum als ich. Er wusste das, ich nicht. Was immer ich an Lebenswissen besaß, übertraf er mit seiner offeneren Einstellung: weniger Regeln, weniger Grenzen, weniger vermeintliches Wissen über Dinge, die man gar nicht wissen kann. Nicht ich war der Guru in Sachen Liebe in unserer Beziehung, er war es. Zuerst hatte ich gedacht, er könne sich glücklich schätzen, von einer Frau geliebt zu werden, die mehr wusste als er, aber ich glaube, ich war diejenige, die von Glück reden konnte, von einem Mann geliebt zu werden, der weniger wusste als ich. Zwei Partner, die sich finden, passen in dem, was der eine dem anderen zu geben hat, immer genau zueinander. Und manchmal sind diejenigen, von denen wir lernen, nicht immer so vernünftig zu sein, wichtiger als diejenigen, die uns Vernunft beibringen. Wissen hat viele Dimensionen. In *Ein Kurs in Wundern* heißt es, dass Liebe einem die Vernunft wiedergibt – und nicht umgekehrt.

Manchmal liegt der Wert einer Liebesbeziehung mit einem jüngeren Menschen darin, dass dieser Mensch uns daran erinnert, dass wir noch nicht tot sind. Das schenkt uns neue Energie, wie die Sonne, die nach langem Nebel und Regen durch die Wolken bricht, obwohl wir schon befürchtet hatten, dass das Licht nie mehr wiederkehren würde. Die Jüngeren bringen die Sonne, weil sie noch die Sonne *sind*. Weil sie den Nachmittag ihres Lebens noch nicht erlebt haben, lösen sie beim Älteren keine traurigen Erinnerungen an diese Zeit aus.

Eine Beziehung mag nicht ein Leben lang halten, aber das bedeutet nicht, dass sie nicht eine heilige Erfahrung darstellt. Die Heiligkeit einer Beziehung wird dadurch bestimmt, wie viel Achtung und Wertschätzung wir ihr entgegenbringen. Menschen fühlen sich zu Menschen hingezogen, von denen sie etwas lernen können, und in der intimen Begegnung findet ein tiefgreifender Lernprozess statt. Das gilt für gemeinsam verbrachte Jahre ebenso wie für drei Tage in Paris, in denen Sie nichts anderes tun als essen und schlafen, Liebe machen und beten und über alles reden, was Sie erlebt haben. Zerstört werden kann diese Erfahrung nur, wenn jemand nicht weiß, dass er das, was in Paris geschehen ist, einfach als das nehmen sollte, was es war. Es erfordert ein hohes Maß an spiritueller wie emotionaler Reife, einem anderen Menschen auf ganz tiefer Ebene zu begegnen, obwohl man weiß, dass die Beziehung zeitlich begrenzt bleiben sollte. Ich will damit keineswegs flüchtige sexuelle Abenteuer befürworten; der Sex wäre in diesem Fall alles andere als flüchtig. Man muss sich auch gar nicht sagen »Was in Paris passiert ist, war eben nur dort und ist jetzt vorbei«, sondern: »Was in Paris passiert ist, bleibt für alle Zeit als Gnade in unserem Herzen«. Ganz gleich, ob es in Paris war oder an irgendeinem anderen Ort.

Das Haus der romantischen Liebe hat viele Wohnungen. Der Austausch mit einem Menschen, der dieselben Songtexte auswendig kennt wie man selbst, ist eine einzigartige, wunderbare Erfahrung. Ich denke an jemanden, der den Weg des Lebens mit mir gegangen ist, wenn er leicht zu gehen war und wenn er steinig war; wenn es cool war, mit mir zusammenzusein, und wenn es cool war, mir eine Abfuhr zu erteilen; wenn ich lachte wie eine Irre und wenn ich weinte wie ein Kind. Er ist derjenige, der mich sieht. Dies ist der höchste Wert von Beziehungen, glaube ich, die über Jahre hinweg halten. Ein anderer Mensch erlebt Ihr Leben mit, gewissermaßen als Zeuge. Sie erleben sich selbst nicht in einem Vakuum; ein anderer Mensch kennt Ihre Geschichte. Er hat sich ebenso gefreut wie Sie, wenn Ihnen etwas Wunderbares passiert ist, und hat sich immer verkniffen zu sagen: »Ich hab's dir ja gleich gesagt!«, wenn Sie etwas Dummes getan haben, das Sie später bereuten. Er hat Vertrauen in die allmähliche Entwicklung Ihrer Lebensgeschichte. Er hat Sie an Ihren Niederlagen wie an Ihren Erfolgen wachsen sehen.

Der Schlüssel für dauerhafte Beziehungen ist, jemanden heute anders sein zu lassen, als er gestern war. Einer der Hauptgründe für Scheidungen ist, glaube ich, dass die Paare nicht immer den emotionalen Raum zwischen sich schaffen, der eine kontinuierliche Veränderung möglich macht. Wenn ein Paar sagt: »Wir haben uns auseinandergelebt«, ist das oft ein Zeichen dafür, dass die Partner zum Zeitpunkt der Eheschließung nicht folgenden Paragraphen in ihren emotionalen Ehevertrag aufgenommen haben: »Ich werde dich wachsen lassen. Du wirst mich wachsen lassen. Wir werden voneinander lernen und gemeinsam wachsen können.«

In der Lebensmitte müssen wir uns alle häuten und uns eine neue Haut wachsen lassen. Die Seele hungert nach Gelegenheiten, sich zu entwickeln. Es ist tragisch, wenn zwei Partner nicht wissen, wie sie diesem Bedürfnis gerecht werden können, und nicht erkennen, dass darin auch eine Chance liegt, ihre Beziehung immer wieder neu lebendig werden zu lassen.

Ich kannte einmal einen Mann, der seine Frau verließ, weil er meinte, er könne in dieser Ehe nicht zu sich selbst finden. Er war der Ansicht, er könne in der Beziehung nicht zu seiner Männlichkeit finden – ihm war, als würde seine Frau dazu gewissermaßen zu viel Sauerstoff verbrauchen. Er erhoffte sich eine Art männlicher Initiation, wenn er sie verließe. Dann, und nur dann, glaubte er, könne er zu dem Mann werden, der er sein wollte.

Meiner Meinung nach aber – und ich habe diese Beziehung beobachtet – wäre die beste Initiation seiner Männlichkeit wohl gewesen, wenn er sich innerhalb der Ehe auf seine eigene Stärke besonnen und seine Frau einfach gebeten hätte, ihm mehr Freiraum zu lassen. Ein richtiger Mann setzt Grenzen. Ein richtiger Mann fordert seinen psychischen Freiraum ein. Ein richtiger Mann lässt sich nicht von einer Frau beherrschen. Aber ein richtiger Mann beansprucht dies alles sehr wohl für sich selbst; er macht sich nicht einfach aus dem Staub und verbucht es als Beweis seiner Männlichkeit, wenn er sich von seiner Frau trennt.

Manchmal ist eine Ehe einfach vorbei – die Möglichkeiten, aneinander zu lernen, sind ausgeschöpft und es ist Zeit, einander loszulassen –, aber manchmal geht ein Partner aus keinem anderen Grund als dem, dass der andere ihm nicht gibt, was nur er selbst sich verschaffen kann. Die Tatsache, dass eine Beziehung Sie daran erinnert, dass Sie noch nicht stark genug sind, ist nicht an sich schlecht. Der Wert einer Beziehung liegt ja unter anderem darin, dass sie einem gewissermaßen einen Spiegel vorhält. Sich in eine neue Beziehung zu begeben, in der man im gleichen Muster gefangen ist, aber leicht so tun kann, als wäre das nicht der Fall, hat meiner Erfahrung nach noch niemandem mehr Klarheit oder Stärke gebracht.

Ich habe in meinem Leben eine Menge profitiert, wenn ich gegangen bin, sofern meine Seele mich dazu aufforderte. Genauso viel habe ich profitiert, wenn ich den Kampf mit dem Selbst durchgestanden habe und geblieben bin, sofern meine Seele mir klar und deutlich gezeigt hat, dass ich einstweilen an genau diesen Platz gehöre ..., dass das tatsächliche Problem nicht bei ihm, sondern bei Sie-wissen-schon-Wem lag. Und es ist eine unglaubliche Erfahrung, wenn man den Durchbruch oder die Veränderung geschafft hat und in der Beziehung geblieben ist.

Ich hatte einmal eine Beziehung mit einem Mann, der oft zu mir sagte: »Dir kann man es wirklich nicht recht machen!« Das war ein permanenter Streitpunkt, der sich zu einem richtigen Problem auswuchs, denn ich fand immer einen Weg, ein Problem zu schaffen, wo eigentlich gar keines hätte sein müssen. Ich begriff, worum es ging, und bemühte mich, das Problem in mir anzugehen, mir klarzuwerden, warum ich mich derart selbstschädigend verhielt, warum ich mich geradezu darin verbiss. Ich bat Gott um Beistand, bemühte mich, aus dieser Sackgasse herauszukommen, und änderte mein Verhalten, so gut es ging. Eines Tages, viele Monate später, bat ich meinen Freund, er solle bitte noch etwas mehr Milch in meinen Kaffee geben, worauf er lachend antwortete: »Dir kann man es wirklich nicht recht machen!« Ich hatte es geschafft. Ich hatte mich verändert. Und er war immer noch da.

Lieber Gott,
ich lege meine Beziehungen in deine Hände.
Bitte läutere meine Gedanken über sie,
damit nur die Liebe bleibt.
Hierin, wie in allen Dingen, lieber Gott,
möge dein Wille allein
geschehen.
Amen

Kapitel 8

Die Welt verwandeln

Mit dem Anschlag auf das World Trade Center am 11. September 2001 wurden mit einem Schlag alle erwachsen, die sich noch in einer Art verlängerter Spätpubertät befanden, also mindestens eine Generation. Mit einem Mal war alles ganz still. Wie soll es nun weitergehen? Alle Leute, die ich kenne, warten darauf, dass sich etwas ändert in der Welt.

Es ist nicht zu fassen, wie tief wir gesunken sind. In den 1960er Jahren hörten wir Leute wie Bobby Kennedy und Martin Luther King in ihren Reden die Vision eines Amerika, einer Welt formulieren, die ihr Potenzial im Höchstmaß erreicht hatte. Wir machten Musik, die den perfekten Soundtrack zu dieser Vision lieferte, und sangen bei den Demonstrationen »All You Need Is Love«. Es stimmt, dass viele von uns damals bis in die Haarspitzen bekifft waren – aber jetzt sind wir es nicht, und das will etwas heißen. Vielleicht haben wir vierzig Jahre dazu gebraucht, aber jetzt sind wir endlich reif genug, um die Träume von damals Wirklichkeit werden zu lassen.

Warum haben wir so lange gebraucht? Warum vierzig lange Jahre? Was hat uns davon abgehalten, den Weg weiterzugehen?

Es waren vor allem die hinterhältigen Morde, glaube ich. Vor unseren Augen wurden Bobby Kennedy, Martin Luther King und die vier Studenten an der Kent State University erschossen, gewaltsam für immer zum Schweigen gebracht. Die Kugeln galten nicht nur ihnen; psychisch sollten sie uns alle treffen, und wir wussten es. Die unausgesprochene Botschaft dieser Attentate hätte lauter nicht sein können: Es sollte keine Proteste mehr geben. Wir sollten nach Hause gehen. Dort konnten wir tun, wonach uns der Sinn stand, aber die Öffentlichkeit hatten wir denjenigen zu überlassen, die so sehr danach gierten, dass sie selbst vor Mord nicht zurückschreckten.

Und wir ließen schön brav die Finger davon. Eine mit so vielen Talenten und Privilegien ausgestattete Generation wie keine zuvor investierte ihre Begabungen fast ausschließlich in private Angelegenheiten – meist völlig belanglose Dinge – und überließ das politische Feld größtenteils anderen. Und einige Jahrzehnte lang schien das zu funktionieren. Man könnte Amerika mit einem Haus vergleichen, in dem die meisten sich im Obergeschoss versammelten (Kunst, Spiritualität, Karriere, Spaß) und das Erdgeschoss (die herkömmliche Politik) weniger inspirierten Denkern überließen. Wir machten uns vor, dieses Arrangement sei ganz in Ordnung, bis diejenigen, die draußen auf dem Balkon standen, unverkennbaren Brandgeruch wahrnahmen.

Sollte nicht langsam jemand rufen: »Feuer! Es brennt!«? Unsere Generation hat ihr Lebensskript zurückbekommen mit dem Auftrag, es umzuarbeiten. Wir bekommen die Chance, den Schluss noch einmal neu zu schreiben. Beim ersten Mal haben wir uns mundtot machen lassen. Ob das heute noch einmal gelingt, bleibt abzuwarten.

Lieber Gott,
lass mich
in dieser Zeit der Bedrohung für die ganze Welt
zum Werkzeug deiner Wunder werden.
Mach mich heil, damit ich andere heilen
und dazu beitragen kann,
eine schönere Welt zu bauen.
Amen

In seiner zweiten Amtszeit startete Präsident Bill Clinton eine nationale Initiative zu den Beziehungen zwischen den Rassen. Die Leute bemühten sich nach Kräften, seine Vorschläge umzusetzen, doch das Vorhaben schien schon bald im Sande zu verlaufen. Betrachtet man das Ganze aus einer transformativen Perspektive, die berücksichtigt, dass nachhaltiger Wandel psychologische, emotionale und spirituelle sowie materielle Faktoren mit einbezieht, so ist dies keineswegs überraschend. Man kann keinen echten »Dialog« zur Rassenfrage führen – einen wirklich tiefgehenden, aufrichtigen Dialog, der Hoffnung auf einen echten Durchbruch bieten soll –, wenn nicht zumindest einige der Betroffenen die Möglichkeit bekommen, einen Zorn zu äußern, der sich über Jahrhunderte aufgestaut hat.
Weil ich seit über zwanzig Jahren spirituelle Selbsthilfegruppen leite, habe ich ein wenig Erfahrung darin, die Art von heiligem Raum zu schaffen, der einen tiefgehenden Dialog ermöglicht. In solchen Gruppen muss

eine einzigartige Energie entstehen, eine Atmosphäre, in der sich alle Teilnehmer emotional sicher und geborgen fühlen können. Die meisten werden diese Art Energie aus psychotherapeutischen Sitzungen, religiösen Zeremonien und so weiter kennen. Es sind vollkommen andere Schwingungen als bei einem normalen Gespräch, und es sind auch ganz andere Gehirnwellen, die sie erzeugen.

Als Maria ihren Sohn Jesus suchte, fand sie ihn im Tempel. Und das aus gutem Grund. Seelen finden sich nur in einem heiligen Raum.

Innerhalb dieses Raums wird alles offengelegt, es findet ein uneingeschränkter Austausch statt, und Wunder geschehen auf natürliche Weise. Solange wir im Dialog mit uns selbst und mit anderen nicht diese Tiefe erreichen, kann es auch bei unseren dringlichsten Problemen keinen tiefergehenden Durchbruch geben. Konventionelles Denken und die hergebrachten Rezepte werden die heutigen Probleme nicht lösen, ebenso wenig endlose gegenseitige Angriffe und Rechtfertigungen sowie geistlose, oberflächliche Gespräche.

Was sie hingegen lösen wird, ist ein neues Bewusstsein, aus dem ein neues Denken und neue Hoffnung entstehen. Unser Planet Erde braucht ein neues Drehbuch, und wir Menschen ebenfalls.

Wer wäre besser geeignet, ein neues Drehbuch für unseren Planeten zu schreiben als diejenigen, die gerade damit beschäftigt sind, ihr eigenes Skript umzuarbeiten? Ein Problem der Lebensmitte ist die Versuchung, sich ständig im Kreis zu drehen, sich nur noch selbst zu imitieren, indem wir immer wieder dieselben Dinge tun, die wir schon immer getan haben, nur mit weniger Elan.

Das Gebot der Stunde – individuell wie global gesehen – lautet jedoch, loszulassen, was losgelassen werden muss, uns vom Althergebrachten zu befreien und eine radikal neue Lebensweise anzunehmen. Und sie ist möglich. Sie ist möglich für uns als Individuum, und sie ist möglich für uns als Spezies. Sie lebt in unserer Vorstellung, und wir können Anspruch auf sie erheben, wenn wir das wollen. Jeder von uns trägt das Vermögen in sich, maximal zur Veränderung der Welt beizutragen – in dem Maße, wie wir bereit sind, uns verändern zu lassen.

Einmal, es war auf einer privaten Party, erlebte ich einen bewegenden Moment: Der Musikproduzent und Sänger Kenneth »Babyface« Edmonds sang sein Lied *Change the World* und begleitete sich dabei auf der Gitarre, und ein, zwei Schritte entfernt saß der frühere Bürgermeister von Atlanta, ehemalige US-Botschafter bei den Vereinten Nationen und legendäre Bürgerrechtsaktivist Andrew Young, hörte zu und starrte blicklos ins Leere. Ein Mann sang davon, dass er die Welt verändern wollte, und der andere erinnerte sich an so vieles, was er schon versucht hatte. Doch beide bezogen ihre Inspiration dessen, was möglich sein könnte, aus derselben inneren Quelle, aus der wir alle jetzt unsere Inspiration und Hoffnung holen sollten.

Echte Visionen entstehen nicht aus dem, was wir in der Vergangenheit oder in der Zukunft sehen, sondern aus dem, was wir in unserem Inneren sehen. Die Seele ist der einzig sichere Aufbewahrungsort für unsere Träume von einer neuen Welt. Es ist die Seele, die uns – ungeachtet unseres Alters – zu der Rolle führt, die wir persönlich am besten erfüllen bei der Aufgabe, die Erde mit

dem Bewusstsein des Himmels wieder in Einklang zu bringen. Wir tragen dank eines inneren, von Gott selbst geschaffenen Leitsystems alle Informationen in uns, die wir benötigen, um einer neuen Welt zur Geburt zu verhelfen. Sowohl unser weltliches wie auch unser ewiges Selbst sind bestens ausgestattet für das, was wir jetzt tun müssen.
Und ich meine wirklich *jetzt*.

Lieber Gott,
bereite mich
an Herz und Seele darauf vor,
dass ich Licht bringe in dunkler Zeit.
Amen

Historische Entwicklungen vollziehen sich so, dass bei jedem Schritt immer nur eine einzige neue Einsicht erlangt wird. Von der Vorstellung eines monotheistischen Gottes bei den Juden zur Vision des Mitgefühls beim Buddha; von Jesu Lehre, dass Gott Liebe ist, zu Martin Luther, der darauf beharrte, dass wir selbst mit ihm sprechen können; von der kreativen Schöpferkraft des Individuums, das die italienische Renaissance so sehr betonte, zur philosophischen Reife der europäischen Aufklärung; vom Genius des amerikanischen Gesellschaftsentwurfs zu den Erkenntnissen der Quantenphysik – verglichen mit dem Aufgebot an Ideen erscheint das Aufgebot an Armeen relativ klein. Und es ist wohl der Sinn von Zeit, für das Individuum wie für die menschliche Spezies insgesamt, dass unser Verständnis reifen kann, während das Leben fortschreitet.

Wir alle machen manchmal zwei Schritte vorwärts und dann wieder einen zurück, aber es gibt dennoch einen evolutionären Impuls – in jeder Seele, in jeder Körperzelle und jedem Aspekt des Lebens –, ungeachtet aller Widerstände voranzuschreiten. Unsere Aufgabe ist es, uns bewusst mit diesem Impuls zu verbünden, mit der Kraft der Liebe im Kern aller Dinge, mit ihrem göttlichen Pulsschlag und ihrer Wärme, und Teil der großen Welle zu werden, mit deren Hilfe die Menschheit endlich eine höhere Ebene erreichen wird. Unsere Aufgabe ist es aber auch, diese Welle aktiv zu lenken.

Es ist erstaunlich, wie viele Menschen es heutzutage nicht mehr für selbstverständlich halten, dass unser Planet die nächsten fünfzig Jahre übersteht. Ob durch klimatische Katastrophen oder militärische Auseinandersetzungen, es gibt so viele Möglichkeiten, wie alles Leben auf der Erde vernichtet werden könnte.
Rational gesehen trifft das sicherlich zu. Aber spirituelle Kraft ist nicht rational. Das heißt nicht, dass sie irrational ist, sondern nur nicht rational. Sie entspringt einem durch irdische Umstände nicht begrenzten Quantenfeld. Die Katastrophen, die unsere Welt heute bedrohen, spiegeln wider, wer wir bis jetzt gewesen sind, und es wird sich nichts daran ändern, solange wir bleiben, wie wir sind. Die Möglichkeit eines wunderbaren Wandels in den globalen Fragen spiegelt die Möglichkeit eines wunderbaren Wandels in uns selbst.
Spirituelle Transformation, nicht menschliche Manipulation ist die einzige Ebene, die grundsätzlich tief genug geht, um dem gefährlichen Weg, auf dem die Menschheit sich derzeit befindet, eine andere Richtung zu ge-

ben. Für das gegenwärtige Dilemma gibt es keine einfachen Lösungen. Wir brauchen ein Wunder, und das werden wir nur bekommen, wenn wir selbst zu Wundertätern werden.

Wo Liebe ist, da stellen sich auf ganz natürliche Weise Wunder ein. Unserer Natur nach sind wir Wundertäter, denn wir sind Liebe. Ein Dialog über persönliche Transformation – über den Weg von Angst zu Liebe – ist keine narzisstische Übung, kein schwachsinniges New-Age-Gelaber, hat nichts mit kruden Denkweisen zu tun. Er ist die bedeutsamste Komponente, wenn wir die menschliche Zivilisation neu erschaffen und den Verlauf der Geschichte beeinflussen wollen.

Das Problem unserer Welt ist, dass wir aus unserem Urzustand herausgerissen worden sind. Von unserem Selbst getrennt, werden wir zu Süchtigen, zu Abhängigen. Voneinander getrennt, werden wir zu Menschen, die andere missbrauchen, Böses tun. Von der Erde getrennt, werden wir zu ihren Zerstörern. Und diese Trennung – die Trennung unserer Einheit mit Gott – ist keine bloße Metapher, kein symbolisches Bild. Es ist eine im wahrsten Sinn des Wortes bösartige und heimtückische fortschreitende Krankheit des menschlichen Geistes. Es ist eine Kraft. Und ihr stehen dieselben komplexen geistigen Fähigkeiten zur Verfügung wie dem besseren Teil von uns. Es ist unsere dunkle Seite, und ihren Einfluss zu unterschätzen, ist schlichtweg naiv.

Ich habe bei einem Vortrag einmal das Wort »böse« verwendet. Da stand eine Frau hinten im Raum auf und sagte: »Ich glaube nicht an das Böse. Wo manche Leute Böses sehen, sehe ich seelische Verletzung und Leid.«

Ich entgegnete ihr, dass das Leid, das sie meine, oft die Ursache des Bösen sei. Dass ich aber nicht verstünde, wieso man die Wirkung verleugnen müsse, wenn man die Ursache erkenne.

Waren die Hexenverbrennungen nicht böse? Ist Völkermord nicht böse? Ist es nicht böse, wenn Kindern die Kehle durchgeschnitten wird, wenn sie als Sexsklaven ge- und verkauft oder ihre Gliedmaßen eine nach der anderen abgehackt werden? Ist es nicht böse, wenn ein Mann, der gefesselt in seinem Keller liegt, mit anhören muss, wie seine Frau und seine Töchter immer wieder vergewaltigt werden, und dann bei lebendigem Leib verbrannt wird? Woher kommt diese Vorstellung, es könnte irgendwie »spirituell« sein, das Böse zu bagatellisieren?

Weil ich mich seit Jahrzehnten mit *Ein Kurs in Wundern* beschäftige, weiß ich, dass in Wirklichkeit nichts anderes existiert als Liebe. Doch der Planet, auf dem wir leben, ist nicht die höchste Wirklichkeit; er ist eine Massenillusion, in ihren Auswirkungen ebenso gewaltig wie die Wahrheit. Und hier, bei dieser kollektiven Illusion, hat noch immer das, was nicht Liebe ist, das Sagen. Das Ego ist, wie es in *Ein Kurs in Wundern* heißt, im besten Fall wachsam und im schlimmsten Fall bösartig.

Wir »Wundergläubigen« sind nicht naiv, was die dunklen Seiten angeht; wir spazieren nicht mit Farbeimern herum und tünchen alles rosarot, damit wir tun können, als wäre alles in bester Ordnung. Wir können nicht die Morgendämmerung erbitten, wenn wir leugnen, dass zuvor Nacht war. Was käme denn der Dunkelheit besser zupass als Menschen, die nicht wahrhaben wollen, wie heimtückisch und perfide sie sein kann? Ein ernsthafter erwachsener Mensch wendet angesichts des Leids in der Welt nicht den Blick ab; ein ernsthafter erwachsener Mensch sieht den Sinn unseres Lebens darin, sich für dessen Heilung einzusetzen.

Das ist, in gewisser Weise, was unsere Generation lernen musste. Vielleicht inszenieren wir in dem Teil der Welt, in dem wir ein so leichtes Leben hatten, unterbewusst unsere private Hölle, damit wir irgendwann auch erkennen, in welcher Hölle so viele Menschen in anderen Teilen der Welt leben. Vielleicht brauchte es den Einsturz einer Brücke in Minnesota, damit wir uns eine Vorstellung davon machen können, wie es Menschen geht, wenn ihre Stadt, ihr Land, ihre Brücken, ihre Krankenhäuser, ihre Märkte, ihre Schulen und ihre Kinder Tag für Tag bombardiert werden.

Vielleicht kommen wir dann alle einmal an den Punkt, an dem viele von uns in ihrem tiefsten Inneren schon sind, und rufen entsetzt aus: »O mein Gott, was haben wir getan?«

Und dann, im Augenblick aufrichtiger Trauer über die Dinge, die wir so verantwortungslos angerichtet haben, beginnen wir als Nation und als Zivilisation insgesamt Wiedergutmachung zu leisten, so wie viele von uns als Individuum Wiedergutmachung leisten für unsere Verfehlungen. Wir werden eingestehen, dass wir im Unrecht waren, unsere Seele in Gottes Hände legen und voller Inbrunst um eine zweite Chance beten.

Lieber Gott,
bitte vergib uns, was wir der Erde angetan haben,
und das unnötige Leid,
das die Menschen auf ihr heute erdulden.

Im Namen unseres besseren Selbst
mache den entstandenen Schaden wieder gut.
Setze Hoffnung an die Stelle unserer Angst
und verwandle allen Hass in Liebe.
Amen

Descartes sagte: »Ich denke, also bin ich.« Ich sehe es so: Ich bin mit Gott verbunden, also bin ich. Ohne meinen Glauben wäre ich nichts als eine Ansammlung unverbundener Gedanken und Gefühle ohne irgendeinen wahren Sinn oder Zweck.

Ich will damit nicht sagen, dass ich ohne meine Religion nichts wäre – aber vermutlich weniger. Was ich sagen will, ist, dass ich meine emotionale Sicherheit aus meiner Überzeugung beziehe, dass ich nicht allein bin im Universum – dass ich mich, wie Martin Luther King es nannte, in »kosmischer Gesellschaft« weiß. Wie unvorstellbar kalt muss sich die Welt für diejenigen anfühlen – insbesondere in der heutigen Zeit –, die ihre menschliche Existenz in keinen größeren, jenseitigen Zusammenhang eingebunden sehen. Mir ist es ein Rätsel, wie Menschen ohne spirituelle Perspektive zurechtkommen.

Hin und wieder werde ich gefragt, was ich denn mit meinem Leben angefangen hätte, wenn ich nicht auf *Ein Kurs in Wundern* gestoßen wäre. Meist verweise ich dann auf Edina aus der britischen TV-Serie *Absolutely Fabulous*. Falls Sie diese Sitcom nicht kennen – glauben Sie mir, die Dame ist ziemlich unerfreulich. Manche Menschen treten jahrelang auf der Stelle, wie eben diese Edina, kreisen ständig um die ewig gleichen Probleme, weil sie die Tür zu einem Erfahrungsraum nicht finden, der andere Optionen bereithält. Die meisten von uns werden das phasenweise schon einmal erlebt haben. Für mich war jedenfalls die einzige Rettung, mein »Notausgang« eine Tür, die ich nicht selbst öffnen konnte.

An der Universität hatte ich auch Kurse, für die ich philosophische Bücher über die verschiedenen Phasen des »Ennui« las, ein Gefühl der Isoliertheit im Universum und der existenziellen Verzweiflung. Damals konnte ich jedoch nicht ganz erfassen, was diese Begriffe meinten.

Erst nach Jahren, wenn eine irdische Illusion nach der anderen sich in Luft auflöst, lernt man eine jenseitige Konstante zu würdigen. Ohne Kontakt zu einer höheren Macht können einen die diesseitigen Mächte wirklich fertigmachen.

Und wenn man ein gewisses Alter erreicht hat, erfüllt es einen nicht gerade mit Stolz, wenn man um Hilfe bitten muss.

Es amüsiert mich immer, wenn ich jemanden sagen höre, der Glaube sei nur eine Krücke. Wenn man ein gebrochenes Bein hat, wäre es doch schön, diese Krücke zu haben, stelle ich mir vor. Und man benutzt sie nur so lange, bis man wieder allein auf seinen beiden Beinen laufen kann. Auf Gott zu vertrauen heißt nicht, dass man auf etwas außerhalb der eigenen Person vertraut. Es bedeutet, dass man auf die Wahrheit aller Dinge vertraut, eine höhere Macht, die nicht irgendwo über den Wolken thront, sondern im eigenen Herzen wohnt. Man vertraut auf die Kraft des Mitgefühls und der Vorurteilslosigkeit. Man vertraut auf objektive, wahrnehmbare Gesetze des Universums; der Glaube daran, dass Liebe Wunder wirkt, unterscheidet sich in keiner Weise von dem Glauben daran, dass die Schwerkraft Dinge nach unten fallen lässt.

Wenn ich die Wahl habe, entweder auf einen göttlichen Schöpfer zu vertrauen oder auf die falschen Mächte einer verwirrten Welt voller Leid, dann entscheide ich mich allemal für Ersteres. Manchmal spüre ich, wenn ich morgens aufwache, wie meine Seele sich nach Gott streckt und mein Geist Dinge äußert wie »Alles, was ich will, ist der Friede Gottes«, noch ehe ich überhaupt nach dem *Ein Kurs in Wundern*-Übungsbuch greife, das immer neben meinem Bett liegt. Ich bin aber keineswegs eine moderne Ausgabe der heiligen Teresa – ich bin der lebenslangen Suche nach allem Möglichen, von dem nichts das A und O war, einfach müde. Wie oft wurde meine Seele nicht gegen Felsklippen geschleudert, und am Ende erkannte ich, dass ich der Wind war. Wer sonst als Gott konnte bewirken, dass der Sturm in meiner Seele sich legte? Und ich habe das Gefühl, wenn ich für bestimmte Momente, für bestimmte Stunden und bestimmte Tage ruhig bin, dann ist das, was geschieht, wenn ich diesen Zustand erreiche, nicht nur für mich gut, sondern auch für ihn. Zumindest ist es das, worum ich bete.

Jedes Problem stellt die Herausforderung dar, ein besserer Mensch zu werden. Stellen Sie sich vor, welche Herausforderung wir zu meistern haben, um die Welt jetzt auf einen neuen Kurs zu bringen. Welcher Quantensprung wird uns von der Bewusstseinsebene, auf der wir all unsere Probleme geschaffen haben, auf die Bewusstseinsebene heben, auf der wir in der Lage sind, diese Probleme durch Wunder zu lösen? Wer sind wir bestimmt zu sein, dass die beschränkten Denkmuster des Hasses sich in unserer Gegenwart einfach auflösen? Genau das ist an unserer Zeit so aufregend. Da Gott auf jedes Problem schon in dem Moment, in dem es entsteht, eine Antwort hat, verfügt er auch über einen vollständigen Plan, eine Blaupause für unsere Rettung, die bereits in unsere Seelen eingeschrieben ist. Diesem Plan zufolge werden wir als Individuen wie auch als Menschheit erlöst und auf einen neuen evolutionären Weg gebracht. All die alten Denkbilder werden verschwinden, und wir Menschen werden uns endlich daran erinnern, dass wir in Liebe empfangen wurden; dass wir hier sind, um zu lieben; und wir werden wieder lieben, so oder so.

Zu den wichtigsten Dingen, die jeder von uns tun kann, um der Welt zu helfen, zählt, regelmäßig zu beten und zu meditieren. Das Gebet, heißt es in *Ein Kurs in Wundern*, verbindet uns mit Wundern. Es verändert uns und durch uns die ganze Welt. Niemanden, der regelmäßig betet und meditiert, lässt es kalt, was geschieht.

Wir beten und meditieren, um die Dunkelheit der Welt auszuhalten, um unsere Widerstandskraft gegen Chaos und Negativität zu stärken, die immer mehr um sich greifen. Aber nicht nur dafür. In unserer historischen Übergangsphase leiden viele Menschen an einer unterschwelligen Panik, derer sie sich nicht einmal bewusst sind. Wir sollten uns alle mit einem Schutzschild aus Licht umgeben, und Gebet und Meditation vermögen diesen Schutzschild zu erzeugen.

Interessanterweise beten und meditieren wir aber nicht nur, um die Dunkelheit auszuhalten. Wir tun es ebenso, um das Licht auszuhalten. Unser Nervensystem wird von einer gewaltigen Lichtkraft bombardiert, die als Antwort auf die Gebete der Menschheit um Hilfe auf uns niederströmt, doch für ein Nervensystem, das auf einen solchen Ansturm nicht vorbereitet ist, kann das eine Überlastung bedeuten. Es nützt uns wenig, wenn es uns zwar gelingt, Wunder zu bewirken, wir aber psychisch und emotional nicht auf sie vorbereitet sind, wenn sie eintreten. Das Gebet weckt nicht nur das Gute in uns, es bereitet uns auch darauf vor, damit umzugehen, wenn es sich zeigt.

Wie Martin Luther King einmal sagte: »[Wir brauchen] einen qualitativen Wandel in unserer Seele und einen quantitativen Wandel in unserem Leben.« Viele Menschen sagen, das Gebot der Nachhaltigkeit verlange von uns, uns materiell einzuschränken, und vielleicht stimmt das auch. Spirituell jedoch sollten wir genau das Gegenteil anstreben. Allerdings ist unser innerer Widerstand dagegen mindestens ebenso groß.

Ich habe den Autor Stedman Graham einmal sagen hören, dass selbst die fähigsten Menschen ihr Potenzial nicht zu 100 Prozent ausschöpfen. Dieser Satz ist in meinem Gedächtnis haften geblieben. Ich fragte mich: Angenommen, wir nutzen 80 Prozent unseres Kapitals – was geschieht dann mit den verbleibenden 20 Prozent? Liegen sie irgendwo im Regal für den Tag, an dem wir bereit sind, sie zu nutzen? Hat Gott sie in Verwahrung? Und gesetzt den Fall, wir machen uns jetzt daran, dieses bislang ungenutzte Potenzial auszuschöpfen – werden wir dann die in den letzten dreißig Jahren vertanen Chancen erneut bekommen?

Stellen wir uns das Ganze einmal als Diagramm vor. Wenn wir persönlich uns in bestimmten Bereichen nicht weiterentwickeln, verharren wir gewissermaßen auf einer flachen Linie, während die anderen um uns herum eine Linie beschreiben, die sich stetig nach oben bewegt. Sobald wir aber das Bewusstsein erlangen, das uns wieder auf den natürlichen Entwicklungsverlauf unserer Seele bringt, gelangen wir direkt und vertikal an den Punkt, an dem wir sein sollten – an dem wir längst sein könnten, wenn wir nicht so lange gezaudert hätten. Das geschieht häufig, wenn Alkoholiker abstinent werden; plötzlich sprudelt eine positive Energie, die in all den Jahren des Alkoholkonsums verschüttgegangen war.

Selbst wenn Sie unter keiner Form von Sucht leiden, sind Sie doch, da Sie nun einmal in dieser Gesellschaft leben, Teil eines abhängig machenden Systems. Präsident Bush hatte schon recht, als er sagte, Amerika sei »abhängig vom Öl« (wahrscheinlich auch von einigen anderen Dingen), und die destruktiven Muster, die diese Abhängigkeit erzeugt, reichen wie Tentakel in unser aller Leben hinein. Wenn ein Elternteil alkoholkrank ist, dann schleppen dessen Kinder seine unbearbeiteten Probleme als psychische Belastung mit sich. Wenn jemand sich den Sieg bei einer Präsidentschaftswahl erschleicht, dann tragen die Bürger des Landes diese Schuld als psychische Last mit sich herum. Wenn ein Land in ein anderes Land einmarschiert, weil es die dortigen Ölvorkommen unter Kontrolle haben will, dann tragen dessen Bürger das kollektive Karma und die daraus resultierende Schuld, unfreiwillig zu Helfershelfern bei dem geworden zu sein, was man heute beschönigend »Regimewechsel« nennt; in früheren Zeiten hätte man es treffender als »Plündern und Brandschatzen« bezeichnet. Solche und andere unterschwellig wirksame

Kräfte treiben ihr Spiel mit unserer Seele und verhindern, dass unser besseres Selbst zum Vorschein kommt. Kein Wunder, dass so viele Menschen in Depressionen verfallen oder sich emotional abmelden. Wir leben in einer kritischen Zeit.

Es ist an der Zeit, emotional und psychisch trocken zu werden, die Benommenheit und Apathie der letzten Jahrzehnte abzuschütteln. Wir sollten nun auf den Prozentsatz unseres Potenzials zugreifen, den wir bislang nicht genutzt haben, und die ganzen 100 Prozent ausschöpfen. Der Startschuss ist gefallen. Jetzt kommt es auf uns an. Lasst uns beten. Lasst uns aufbrechen.

Unser Problem ist nicht, dass wir Liebe nicht für wichtig halten; unser Problem ist, dass wir sie nicht für das Allerwichtigste halten. Es gibt ja auch Unmengen von Dingen, die uns ablenken.

Doch wenn wir genug erlebt haben, geschieht etwas in uns. Kinder müssen unnötig leiden … Kinder werden als Soldaten in Kriege gezwungen … Menschen verhungern in einer Welt des Überflusses – im Vergleich dazu erscheinen kleinere Probleme bedeutungslos. Und es kommt der Tag, an dem Sie bei den Fernsehnachrichten ausrufen: Was zum Teufel tun wir da?

Es ist schrecklich, darüber nachzudenken, aber Terroristen wissen sehr genau, was sie tun. Ich kann mir keinen Terroristen vorstellen, der nur mit halbem Herzen, ohne große innere Beteiligung bei der Sache ist. Terroristen haben ein festes Ziel, so viel ist sicher, und sie verfolgen es mit äußerster Konsequenz. Doch unser größtes Problem ist nicht, dass eine relativ kleine Zahl von Menschen aus tiefster Überzeugung hasst, sondern dass nicht genug von uns aus tiefster Überzeugung lieben.

Mit jedem liebevollen Gedanken tragen wir zu einem gemeinsamen Feld sich exponenziell erweiternder Möglichkeiten für jeden Menschen bei. Wenn ein Schmetterling an der Spitze Südamerikas mit den Flügeln schlägt, hat dies Auswirkungen auf die Windverhältnisse am Nordpol. Und Gleiches gilt für das Bewusstsein: Jedes Wunder, das Sie in Ihrem Leben bewirken, ist ein Segen für das Leben als Ganzes.

Vor ein paar Jahren haben die Amish People in Pennsylvania, die sich von der modernen Welt nach Möglichkeit fernhalten, uns allen gezeigt, was Liebe wirklich bedeutet. Wenn die Welt weiterbesteht, dann rechne ich ihnen das als Verdienst an. Als ein Attentäter an einer Schule fünf Mädchen fesselte und erschoss, vergaben sie ihm. Ich wiederhole: Sie vergaben ihm. An jenem Tag wusste unser ganzes Land ohne jeden Zweifel, dass wir gerade wahre Liebe erlebten. Hartgesottene Nachrichtensprecher und Kommentatoren, die noch nie Gefühle gezeigt hatten, waren sichtlich und aufrichtig bewegt, als sie darüber berichteten.

Wie es in *Ein Kurs in Wundern* heißt, ist aller menschliche Geist miteinander verbunden. Demzufolge musste sich bei jedem Menschen, nachdem er von der Reaktion der Amish auf diese schreckliche Tragödie erfahren hatte, eine Wandlung vollziehen. Durch die Vergebung, die sie gewährten, haben die Amish uns allen vergeben. Nicht nur ihr tiefer Schmerz, auch ihre Spiritualität hat unsere Seelen berührt. Indem sie das Licht bewahrten, haben sie die Dunkelheit überwunden … und nicht nur für sich selbst. Hier ist Christus wahrhaft gekreuzigt worden, aber auch wahrhaft auferstanden. Und wie im Falle Jesu Christi berührte das Ereignis auch bei den Amish People nicht nur die treuen Jünger, sondern zahlreiche andere Menschen.

Liebe ist für die Angst, was Licht für die Dunkelheit ist; ist das eine da, verschwindet das andere. Wenn genug Menschen im Licht der wahren Liebe stehen – nicht der Liebe im landläufigen Sinn, sondern der starken, außerordentlichen Liebe Gottes –, dann wird aller Krieg aufhören. Aber erst dann. Solange nicht ausreichend Menschen zu lieben lernen, wie Gott liebt, und damit ein Kraftfeld der Heiligkeit schaffen, durch das die Erde geläutert und alles Böse von ihr getilgt wird, werden wir weiter auf die globale Katastrophe zusteuern. Liebe ist die Antwort. Aber wie schrecklich ist dieser Gedanke für das Ego! Die Vorstellung, dass Liebe unsere Rettung ist, jagt uns mehr Angst ein als ein Krieg, oder etwa nicht? Wir setzen ihr mehr Widerstand entgegen als einer nuklearen Katastrophe. Und warum? Weil die Liebe, von der ich spreche, das Ego überwinden würde, und die Welt, in der wir leben, dem Ego sehr behagt. Das Ego weiß, dass wir es auslöschen, wenn wir uns ganz und gar der Liebe hingeben. Doch wir haben nur diese beiden Alternativen: Entweder überlebt das Ego, oder wir überleben.

Nicht jeder verfügt über Geld oder weltliche Macht, aber jedem von uns ist die Fähigkeit gegeben, zu denken, zu wollen und aus tiefster Überzeugung zu beten. Liebe ist eine unendlich oft erneuerbare spirituelle Kraftquelle. Wir müssten uns nicht so viele Sorgen machen um den Zustand der Welt, wenn weltweit mehr

Einigkeit unter uns bestünde, alles in unserer Macht Stehende zu ihrer Heilung zu tun.

Egal, wer wir sind, es sind uns Aufgaben gestellt, die wir erfüllen sollen, um dem Ruf unserer Seele gerecht zu werden. Doch diese Aufgaben werden uns nicht in Riesenlettern am Himmel verkündet. Vielmehr sind wir aufgefordert, zu jeder Zeit der Mensch zu sein, der wir sein können. Wir wissen nie, wozu ein Gespräch oder eine Begegnung letztlich führen wird, Hauptsache, wir sind dabei der beste Mensch, der wir sein können. Gottes Universum ist ein einziger großer liebevoller Plan, und wenn Sie Ihre eigenen Vorhaben mit den seinen in Einklang bringen, erzeugen Sie für sich gewissermaßen eine Art Rückenwind.

Hass und Angst haben diese kosmische Unterstützung nicht; sie haben zwar Macht, aber keine spirituelle Kraft. Und wenn sie mit wahrer Liebe konfrontiert werden, sind sie spirituell machtlos. Jeden Tag erfahren wir in den Nachrichten schreckliche Dinge, aber so viel Dunkelheit auch da draußen herrscht, in uns ist mehr Liebe. Vielleicht ist das der Sinn der großen Probleme auf der Welt: Sie fordern uns heraus, tiefer in uns zu gehen, herauszufinden, wer wir wirklich sind und wie wir anders leben könnten. Martin Luther King hat einmal gesagt, es sei an der Zeit, der Menschheit eine neue Art von Liebe einzuimpfen. Diese Liebe bricht sich allmählich Bahn. Ein neues Denken, eine große Wandlung der Herzen.

In jedem Bereich – von der Medizin bis zum Schulwesen, von der Wirtschaft bis zu den Medien, der Politik und den Künsten – gibt es heute Menschen, die sich für ein neues, bewussteres Leben und Verhalten entscheiden. Und jeder von uns, egal, wer wir sind, kann bei guten Ideen mitmachen. Ob es etwas so Simples ist wie die Verwendung von Energiesparlampen, oder ob wir bei der Renovierung einer Schule in der Nachbarschaft helfen, ob wir uns einer Meditationsgruppe anschließen oder denjenigen vergeben, die uns unrecht getan haben: Wir alle können daran teilhaben, eine neue Welt zu erschaffen. Wenn wir uns bewusst dem Ziel verschreiben, der Liebe in der Welt mehr Raum zu verschaffen, dann wird alles, was nicht Liebe ist, durch sein eigenes Gewicht fallen.

Und wenn all diese Dinge zusammenkommen, wird die Welt sich im Handumdrehen verändern.

Lieber Gott,
ich lege die Welt in deine Hände.
Bitte nimm mich als Werkzeug,
um die Dinge ins Lot zu bringen.
Amen

Kapitel 9

Wir sind die Welt

Nicht nur unser Körper, auch unser Geist braucht mehr Ruhe, wenn wir älter werden – mehr Möglichkeit zur Besinnung, ein tieferes Erleben des reinen Seins. Das bedeutet nicht, dass wir uns aus der Welt zurückziehen, sondern vielmehr, dass wir sie tiefer erfahren. Denn die Welt ist eigentlich viel, viel größer, als wir mit unseren Augen wahrnehmen. Zu den großen Vorteilen des Älterwerdens – ja, Sie haben richtig gelesen: den Vorteilen – gehört es, dass es uns ganz selbstverständlich in Bereiche führt, in denen wir nicht so eng an die tatsächlichen Gegebenheiten der materiellen Welt gebunden sind. Wir verlieren nichts, sondern gewinnen vielmehr etwas hinzu. Ich finde es äußerst befreiend, dass ich gewisse Dinge vergessen habe – Gott sei Dank habe ich sie vergessen! Und ich will, wenn ich das sage, keineswegs die Angst vor einer Alzheimer-Erkrankung bagatellisieren. Ich will damit nur die Veränderungen, die mit mir stattfinden, in die richtige Perspektive rücken.

Ich denke nicht mehr so schnell wie früher, da bin ich mir sicher. Ich rede und bewege mich auch nicht mehr so schnell. Aber mir scheint, ich denke mehr in die Tiefe. Es ist, als würde ich die Dinge viel umfassender verstehen.

Einmal wachte ich nachts auf und hatte eine Art Offenbarung, die mir wie eine Leuchtreklame vor Augen stand: dass der Schlüssel zur Errettung der Menschheit darin liegt, dass wir füreinander leben. Ja, ich weiß, das ist nichts Neues. Aber in jenem Augenblick erschien es mir als große und tiefe Erkenntnis.

Natürlich haben wir alle schon von diesem Prinzip gehört, aber bleiben wir selbst nicht vollkommen auf der Strecke, wenn wir danach leben? Heißt das, dass wir alles, was wir besitzen, den Armen geben sollen? Wie geht das mit unseren irdischen Verpflichtungen zusammen? Sollen wir unseren Kindern denn kein Zuhause bieten? Sollen wir nicht gut für sie sorgen? Und ist es schlimm, sich über schöne Dinge zu freuen?

In *Ein Kurs in Wundern* heißt es: »Um zu haben, gib allen alles.« Also, das kann es ja wohl nicht sein ..., denkt man dann beim Blick auf die materielle Welt.

Was ich in jener Nacht in meinem Kopf hörte, war nicht »Gib alles fort, was du hast«, sondern »Lebe für andere«. Und ich frage mich, wie die Welt aussehen würde, wenn wir das wirklich täten.

Wir sind so gnadenlos darauf getrimmt, immer der Erste, der Beste zu sein, als wäre »ich« so viel wichtiger als »wir«. Doch das spirituelle Gebot der Stunde, mit dessen Hilfe die Menschheit in den Garten Eden zurückkehren kann, lautet eindeutig: nicht mehr nur für uns selbst leben, sondern für andere.

Was ist dann mit den »gesunden Grenzen«? Bedeutet für andere zu leben, dass ich jedem alles gebe – meine Zeit, meine Energie, mein Geld, mein Herz? Ich hab's versucht ... mich bemüht, ein Vorbild an Selbstaufopferung zu sein ... hatte nie Zeit für mich selbst, habe mich selbst niedergemacht, wenn ich etwas für mich tun wollte, war ständig damit beschäftigt, anderen Gutes zu tun. Und es hat mich nicht weitergebracht. Es brachte mir nur Ärger ein, Groll, die Bekanntschaft mit Dieben und das Gefühl, auf meinem spirituellen Weg vollkommen festgefahren anstatt vorangekommen zu sein. So erschöpft, wie ich war, konnte ich kaum für jemanden mein Bestes geben.

Gesunde Grenzen sind liebevoll; sie zeugen von Achtung sowohl der Person gegenüber, die sie setzt, als auch derjenigen Person gegenüber, die gebeten wird, sie zu respektieren. Ich glaube, es ist am besten, ein Gleichgewicht im Leben anzustreben, in Frieden mit uns selbst und unseren liebsten Menschen zu sein. Wir können dann der Welt, wenn wir uns ihr zuwenden, so viel mehr geben. Eine »höhere Ausgabe« unserer selbst nämlich.

Für Opfer ist kein Platz in Gottes Universum, heißt es in *Ein Kurs in Wundern*. Auf gute Weise für uns selbst zu sorgen ist ein sinnvoller Beitrag zu einer größeren Aufgabe, denn wir können nicht geben, was wir nicht sind. Aus unserem inneren Frieden und dem daraus resultierenden maßvollen Verhalten entstehen mehr als genug Geld, Zeit und Energie, die wir der Welt dann geben können. Der Dienst am Mitmenschen ist eine sehr ernsthafte Sache, aber er ist keine Co-Abhängigkeit.

Und wie machen wir das nun, für andere zu leben? Dem Mitmenschen zu dienen durch die Art, wie wir sind, das ist die beste Möglichkeit, die mir einfällt. Das bedeutet, ich kann dem Menschen, der mir gerade mein Gepäck ins Hotelzimmer getragen hat, zeigen, wie sehr ich zu schätzen weiß, was er für mich getan hat. Ihm ein großzügiges Trinkgeld geben, natürlich, aber verbunden mit einer anerkennenden Haltung für seinen Einsatz. Beides ist wichtig. Es bedeutet, dass ich als Teil meiner spirituellen Praxis jederzeit alles mir Mögliche tun kann, um dem Menschen vor mir – am Telefon oder wo auch immer – liebe- und respektvoll zu begegnen.

Die meisten von uns haben täglich mehr Kontakt mit anderen Menschen, als uns bewusst ist, und jede Begegnung bietet die Chance für ein Wunder. Da ist der Mensch hinter dem Tresen, der mir meinen Kaffee reicht. Der Mensch am Telefon, bei dem ich einen Termin für die Reparatur meines Wäschetrockners vereinbare. Der Mensch, der bei mir im Büro die Fenster putzt. Es mag unbedeutend erscheinen, dieses winzige Tröpfchen Mitgefühl, das Sie dem Universum schenken, wenn Sie dem anderen liebevoller begegnen, aber entscheidend ist nicht, was es im Universum bewirkt hat. Wichtig ist, was es in Ihnen bewirkt hat – es hat Sie verändert und damit auch Ihre Welt.

Heiligkeit bedeutet eine Änderung der Zielsetzung. Was wir nur um unserer selbst willen tun, ist schlicht eine spirituelle Sackgasse. Ihm fehlt der kosmische Segen. Was wir jedoch mit dem Gedanken an andere tun – auch wenn wir für uns selbst sorgen, damit wir anderen umso mehr geben können–, trägt den Segen eines liebevollen Universums in sich.

Nehmen wir als Beispiel einen Urlaub. Es tut einem gut, wenn man Körper und Geist hin und wieder Ruhe gönnt. Ein Urlaub stärkt die gesunde Bindung zwischen Lebenspartnern, Kollegen, Freunden und Familie. Das Prinzip des Dienstes am Mitmenschen verlangt von Ihnen nicht, dass Sie alles, was Spaß macht, meiden. Im Gegenteil, gutgelaunte Menschen sind produktiver. Je besser Sie für die Welt um sich herum sorgen, desto mehr wird Ihnen das Universum die Ruhe schenken, die Ihrer Seele Nahrung und Ihnen insgesamt Kraft gibt.

Es gibt eine Zeit für Spaß, und es gibt eine Zeit für Arbeit. Die Beziehung zwischen beidem scheint ein durchgängiges Muster in allen natürlichen Systemen zu sein; Sie spüren es, ob Sie »neben der Spur« sind. Wenn Ihr Leben nur aus Vergnügungen besteht und Sie keine Arbeit leisten, fühlen Sie sich auf diffuse Art unwohl. Wenn Ihr ganzes Leben aus Arbeit besteht und jedes Vergnügen fehlt, sind Sie aus dem Gleichgewicht und können kaum etwas für andere tun. Gerade weil die Probleme auf der Welt so ernst sind, müssen wir hin und wieder etwas für unsere Entspannung tun. Dass Sie im Fluss des Lebens sind, erkennen Sie unter anderem daran, dass Sie ernsthaft etwas für andere tun und gleichzeitig selbst auf Ihre Kosten kommen. Es fühlt sich richtig an, weil es richtig ist. Auf einer ganz tiefen Ebene sind alle unsere Bedürfnisse eins.

In den letzten Jahren hat sich ein interessanter neuer Trend entwickelt: die sogenannte zweite Karriere. Menschen, die zwanzig, dreißig oder vierzig Jahre in einem Bereich gearbeitet haben, engagieren sich nun für eine ganz andere Aufgabe. Was früher der Ruhestand war, ist heute, sofern der Betreffende es möchte, einfach eine zweite Karrierephase. Sie soll weniger ein Gegenpol zur bisherigen Tätigkeit sein oder eine Beschäftigung, um »nicht ganz einzurosten«; die »erste«, vielleicht beeindruckendere Karriere wird vielmehr als Auftakt zu etwas Wichtigerem gesehen, das diese Menschen in ihrem

Leben zu erfüllen haben. Sie betrachten die auf dem Höhepunkt ihres materiellen Erfolgs erzielten Leistungen als Vorbereitung für einen noch größeren Erfolg – als Mittel zur Erlangung der Fähigkeiten, die sie letztlich brauchen, um ihren größtmöglichen Beitrag in der Welt zu leisten.

Die neue Lebensmitte wird zu einer Lebensepoche, in der der Sturm und Drang unserer jüngeren Jahre sich in den höchsten Ausdruck unserer Begabungen verwandelt: etwas, das nicht nur uns selbst nutzt, sondern anderen Menschen. Es dauert vielleicht zehn Jahre, bis man dahinterkommt, wie man erfolgreich ein Geschäft führt, und dann noch einmal zehn, um zu lernen, wie man ein wirklich mitfühlender Mensch sein kann – noch mal zehn, um der beste Lebenspartner, der beste Vater oder die beste Mutter zu werden, die man sein kann, und irgendwo um die fünfzig oder sechzig herum sind wir dann so weit, dass wir unser strahlendstes Selbst leben können.

Von Menschen, die jahrzehntelang einem ungeliebten Job nachgegangen sind, sich jetzt endlich daraus befreit haben und ihrer wahren Berufung folgen können, bis hin zu Menschen, die ihren Beruf immer geliebt haben, aber in oder jenseits der Lebensmitte noch etwas tun wollen, das einen tieferen Sinn hat – bei ihnen allen ist etwas in Bewegung, und allen ist klar, dass das Gebot der Stunde nicht heißen kann, den Laden einfach dichtzumachen.

Ein interessantes Beispiel für das Phänomen der zweiten Karriere ist Robert A. »Bob« Daly, der, nachdem er neunzehn Jahre lang Vorstandschef und Generaldirektor von *Warner Bros.* war, den Entschluss fasste, seine

Ämter niederzulegen, und Vorstandsvorsitzender von *Save the Children* wurde. Nachdem er erreicht hatte, was nach derzeitigem westlichem Maßstab als Höhepunkt eines erfolgreichen Berufslebens gilt, definiert er »Erfolg« heute auf andere Art.

Daly hat den amerikanischen Traum gelebt, fügt ihm aber noch etwas hinzu. Er begann sein Berufsleben unmittelbar nach der Highschool in der Buchhaltung von CBS mit dem am schlechtesten bezahlten Job; er verdiente 41 Dollar in der Woche. Und in den folgenden Jahrzehnten lebte er die Karrierephantasien einer ganzen Generation aus. Er liebte das Fernsehen und leitete schließlich einen Fernsehsender. Er liebte das Kino und leitete schließlich ein Filmstudio. Er liebte Baseball, kaufte sich schließlich bei den *Los Angeles Dodgers* ein und leitete den Verein etliche Jahre. Aber eindeutig das Beste ist, sagt er, was er derzeit tut.

Er habe nie zurückgeblickt, sagt Daly, und sich nie gefragt, ob die Entscheidung, sich aus der Welt des großen Geschäfts zu verabschieden, wirklich richtig war. Die Kinderrechtsorganisation *Save the Children* habe ihm eine Welt eröffnet, von der er nichts wusste. Die meisten Menschen hätten weder eine Ahnung davon, wie sehr die Kinder auf der Welt leiden müssten, noch wüssten sie, wie viel die verschiedenen Organisationen tun, um ihnen zu helfen: »Man sieht den einen oder anderen Spendenaufruf im Fernsehen, aber eigentlich weiß man dann gar nichts. Sitzt man aber in einem Raum mit Menschen, die ihr ganzes Leben in dieser Richtung engagiert waren, die schon im College gewusst haben, dass Geld nicht das ist, was sie motiviert, dann denkt man: Also, diese Leute sind etwas ganz Besonderes. Ich habe sehr viel Geld verdient in meinem Leben, ich war sehr glücklich, und meine Arbeit hat mich sehr befriedigt«, so Daly weiter. »Aber was ich jetzt tue, ist für mich bereichernder als alles andere zuvor.« Er bezieht jetzt eher ein »psychisches Einkommen«, wie er es nennt, mit dem guten Gefühl, zu wissen, dass er mit seinen außerordentlichen Managerqualitäten dazu beiträgt, das Leid der Kinder in aller Welt zu lindern.

Dalys Engagement für *Save the Children* löste Diskussionen unter seinen Freunden aus: »Sie konnten verstehen, dass ich von Warner wegging, um mich ganz den Dodgers zu widmen. Aber das ...? Manche verstanden es, manche hielten mich aber auch für verrückt.«

Bob Daly steht für einen neuen Trend – unter seinen Managerkollegen, seinen amerikanischen Mitbürgern und seinen Altersgenossen. Von Menschen, die ihre Zeit in ehrenamtliche Tätigkeiten investieren, bis hin zu Menschen, die große Geldsummen spenden – es wächst die Erkenntnis, dass jeder von uns sein Möglichstes tun muss, damit wir die dringlichsten Probleme der Menschheit in Angriff nehmen können. Daly meint, es läge etwas Gutes in der Luft: »Soziales Engagement liegt im Trend.«

Und das ist wunderbar. Die Bereitschaft zum Engagement für den Mitmenschen wächst, denn eine ganze Generation, die lange Zeit in einer Art Dornröschenschlaf verbracht hat, wacht langsam auf und stellt erschrocken fest, dass sich inzwischen gigantische Probleme zusammengebraut haben.

Ein heute Fünfzigjähriger kann durchaus noch zwanzig, dreißig oder gar vierzig produktive Jahre vor sich haben. Wir haben also noch Zeit. Aber wir leben in einem historischen Moment, in dem jede Hand gebraucht wird, alle mit anpacken müssen. Und nicht nur die jungen Leute mit ihrer körperlichen Kraft werden gebraucht. Sondern auch diejenigen, die sich von einer Weisheit leiten lassen, wie sie nur Lebenserfahrung mit sich bringt. Wir alle, die wir heute in der Lebensmitte stehen, tragen in uns die Erinnerung an eine Zeit, als die Welt, in der wir lebten, voller Hoffnung schien. Diese Hoffnung fehlt heute, und es ist unsere Aufgabe, sie wieder wachzurufen.

Anfang 2007 war ich zu meiner großen Freude zu einem Neujahrsfest eingeladen, das zu Ehren der Eröffnung von Oprah Winfreys *Leadership Academy for Girls in South Africa* stattfand. Oprah zitiert häufig die Zeile »Ich wohne in der Möglichkeit« aus einem Gedicht von Emily Dickinson. Das trifft auf sie ganz eindeutig zu, und sie eröffnet auch Millionen anderer Menschen neue Möglichkeiten. Ich bin einer von ihnen. Und bei diesem Besuch in Afrika haben sich in meinem Herzen neue Türen des Verständnisses geöffnet.

Auf unserer Fahrt durch den Busch legten wir an verschiedenen Orten eine Ruhepause ein. Ich werde nie vergessen, wie wir uns dort die Hände wuschen: Stellen Sie sich vor, Sie werden von einer wunderschönen Afrikanerin in traditioneller Kleidung begrüßt mit einer Kanne und einer Schüssel, beide aus Holz mit Messingrand. Sie strecken die Hände etwas vor, damit sie Seifenwasser darübergießen kann; anschließend gießt sie warmes Wasser über Ihre Hände, das sie in der Schüssel auffängt. Das Händewaschen bekommt auf einmal eine viel tiefere Bedeutung, und es wird zu einem sinnlichen Ritual voller Anmut. Sie empfangen mehr als Seife und

Wasser; Sie waschen mehr fort als nur den Straßenstaub. Hätte diese Frau meine Füße gewaschen oder ich die ihren – ich hätte es nicht weniger als Absolution, als Segen empfunden. Ein ganzes Leben lang habe ich mir die Hände gewaschen, und es kommt mir inzwischen so vor, als hätte ich nie wirklich begriffen, was ich tat.

Am Tag nach einer Safari-Tour, nachdem eine Priesterin uns zur Wiege der Menschheit geführt hatte (»Ihre Nabelschnur ist hier vergraben«), wurden wir mit einem eindrucksvollen Fest unter einem Zeltdach im Schein von Kerzen beschenkt. Jemand an meinem Tisch erwähnte, dass die Könige und Königinnen der alten afrikanischen Stämme die Ersten gewesen waren, die man in die Sklaverei verschleppt hatte. Ich ließ meinen Blick über die anderen Gäste wandern, darunter einige bekannte Künstler und Kulturschaffende der heutigen afroamerikanischen Gesellschaft, und mir kam der Gedanke, dass sie zumindest im übertragenen Sinn diese – reinkarnierten – Könige und Königinnen sein könnten, die jetzt zurückgekommen waren, um ihre afrikanischen Wurzeln zurückzufordern. Die Nachkommen von Sklaven waren zu solcher Berühmtheit und solchem Ruhm gelangt, dass sie mit Privilegien in das Land ihrer Vorväter zurückkehren konnten, die vor zweihundert Jahren unvorstellbar gewesen wären.

Als das Abendessen beendet war, erschienen Tänzer, die nach und nach auch die fremden Gäste von ihren Stühlen holten; schwarze Hollywood-Stars begannen mit einheimischen Afrikanern zu traditionellen Trommelklängen zu tanzen. Lebenslange Spannungen begannen sich vor meinen Augen zu lösen, und ich fühlte, dass ich an einem wahrhaft prophetischen Augenblick teilhatte.

Als ich die moderne und die alte Welt in so unmittelbarem Austausch erlebte, hatte ich tatsächlich das Gefühl, Gott strecke seine Hand aus, um der Menschheit ein allerletztes Angebot zu machen. Wir bekommen eine Aufgabe übertragen, die, wenn wir sie gut erfüllen, ein derart fundamentales Erlösungspotenzial in sich trägt, dass es die sonst unvermeidbaren und schrecklichen Konsequenzen unseres Verhaltens als Spezies aufheben wird. Ich hab's begriffen. Ich hab's gesehen. Ich hab's gehört. Ich hab's gespürt. A-F-R-I-K-A. Wenn wir den Mutterkontinent retten, werden wir auch seine Kinder überall auf der Welt retten können.

Lieber Gott,
bitte bereite uns einen Weg
in dieser entscheidenden Zeit,
auf dem die Welt sich selbst
heilen kann,
ehe es zu spät ist.
Mache mich zu deinem Werkzeug,
in welcher Weise du willst,
um die Dunkelheit in Licht zu verwandeln.
Amen

Die Armut in der heutigen Welt ist erschütternd: Jeden Abend legen sich 350 Millionen Kinder auf der Erde hungrig schlafen. Das schiere Ausmaß der menschlichen Verzweiflung auf diesem Planeten macht den Status quo unhaltbar.
Wir stecken mitten in einer großen Revolution, in einem Quantensprung von einer Ära der Menschheitsgeschich-

te zur nächsten. Die Welt wird sich in den nächsten Jahren radikal verändern – wir werden entweder in ein neues Zeitalter der Dunkelheit eintreten oder in ein neues Zeitalter des Lichts.

Ich erinnere mich noch gut, wie Barbra Streisand sang: »The Best Things in Life Are Free« – die besten Dinge im Leben gibt es umsonst. Und so ist es auch mit den kraftvollsten Dingen. Mitgefühl. Kindern vorlesen. Mitleid. Eine sanfte Berührung. Gute Gedanken. Vergebung. Gebete. Meditation. Liebe. Respekt. Frieden.

Und die folgenden Dinge kosten eine Menge Geld: B-52-Bomber. Langstreckenraketen. Militärhubschrauber. Panzer. Maschinengewehre. Artilleriegeschütze. Feldkanonen. F-16-Kampfflugzeuge. Flugzeugträger. Arm- und Beinprothesen. Krieg.

Die erschreckende Wahrheit ist, dass, wenn wir den Kriegen nicht ein Ende machen, die Kriege wahrscheinlich unser Ende bedeuten. Oder, wie Albert Einstein sagte: »Ich weiß nicht, mit welchen Waffen man den Dritten Weltkrieg austragen wird, aber im Vierten Weltkrieg wird sicherlich mit Stöcken und Steinen gekämpft.«

In einer Welt mit derart massiven und in gewaltiger Menge vorhandenen Massenvernichtungswaffen (im Vergleich zum heutigen Zerstörungspotenzial entspricht die Zerstörungskraft der im gesamten Zweiten Weltkrieg eingesetzten Waffen einem Sandkorn) ist Krieg zu führen keine vertretbare, langfristig gesehen nicht einmal eine überlebbare Option für die Menschheit. Um es mit den Worten des Kongressabgeordneten Dennis Kucinich zu sagen: »Wir müssen die Annahme in Frage stellen, dass Krieg unvermeidlich ist.« Es ist die moralische Aufgabe unserer Generation – nicht die unserer Kinder oder Enkel (so lange ist nicht mehr Zeit), uns für eine Welt einzusetzen, die den wahnsinnigen, selbstzerstörerischen Militarismus überwindet, der heute die internationalen Beziehungen beherrscht. Es ist für mich unfassbar, dass amerikanische Politiker selbst heute noch über Krieg sprechen, als ginge es um Sandkastenspiele mit Bauklötzchen.

In Wirklichkeit erzeugt ein Krieg nur Opfer. Die Menschen, die getötet werden, sind Opfer, und die Menschen, die zum Töten geschickt werden, sind ebenfalls Opfer. Posttraumatischer Stress erwächst nicht nur aus dem Trauma, mit angesehen zu haben, wie Menschen getötet wurden, sondern ebenso oft aus dem Trauma, selbst getötet zu haben. Krieg ist eine Monstrosität, und als solche sollte er betrachtet werden. In einen Krieg zu gehen, wenn es nicht wirklich die allerletzte Möglichkeit ist, und erst recht, wenn die Gründe dafür erfunden sind, oder ihn mit Schlachtrufen zu bejubeln, als ginge es um ein Sportereignis – das alles sind Zeichen dafür, dass ein Volk sein Herz verloren hat, und möglicherweise auch seinen Verstand.

Diese Haltung ist kein Pazifismus zum Selbstzweck. Wir leben in einer Zeit, die uns vor neue Fragen stellt. Andere Generationen konnten darüber diskutieren, ob dieser oder jener Krieg moralisch vertretbar war; wir können uns den Luxus einer solchen Debatte nicht leisten. Die moralische Herausforderung für uns lautet: Kriege überflüssig machen, Punkt.

Manche Leute scheinen zu denken, wir könnten weiterhin Atombomben bauen, Waffensysteme im Weltall stationieren, immer noch heimtückischere Chemiewaffen entwickeln und Waffen für Hunderte Millionen Dollar in andere Länder verkaufen – ganz zu schweigen von neuen militärischen Abenteuern –, ohne dass wir letztlich unsere eigenen Städte und unsere eigenen Menschen verlieren, und zwar in großer Zahl. Solche Leute sind entweder so grandiose Verdränger, oder so blind, oder so kaltherzig und verbohrt, dass wir sie niemals wieder mit der Führung unseres Landes betrauen oder ihnen unser Vertrauen schenken sollten.

Wer nicht begreift, dass heute ein neues Denken und eine bewusstere Einstellung wie eine Welle unseren ganzen Planeten erfassen, dessen Tage an der Macht sollten gezählt sein. Es liegt ein neuer Ton in der Luft, und wir alle sollten uns, so gut wir können, darauf einstimmen, unseren Teil dazu beizutragen. Es ist Zeit für eine Neugestaltung der Welt – nicht nach den herkömmlichen wirtschaftlichen und geopolitischen Vorgaben, sondern nach zutiefst humanitären –, bei der die Linderung unnötigen menschlichen Leids zum neuen Leitprinzip der menschlichen Zivilisation erhoben wird.

Man kann leicht über uns Babyboomer lachen, wenn wir solche Dinge sagen. Haben wir nicht genau dasselbe schon in den 1960er Jahren gesagt? Und was hat es gebracht? Nun ja, immerhin wurde ein Krieg beendet, und das ist besser als nichts. Und es hätte wohl noch wesentlich mehr gebracht, wenn Bobby Kennedy und Martin Luther King nicht ermordet worden wären, auch dafür, dass sie daran glaubten. Der Fehler dieser Generation war nicht, dass wir nicht das richtige Ziel hatten; der Fehler war, dass uns noch nicht bewusst war, dass wir selbst das Mittel sein müssen, durch das unser

Ziel erreicht wird. Um es mit Gandhi zu sagen: »Der Zweck wohnt den Mitteln inne.« Wir selbst müssen der Wandel sein, den wir in der Welt verwirklicht sehen wollen, denn sonst wird es nicht zu diesem Wandel kommen. Damals wussten wir das nicht, aber heute wissen wir es. Wir wissen besser Bescheid über Politik, und wir wissen mehr über Liebe. Wir entwickeln uns zu »heiligen Aktivisten«, wie der Autor Andrew Harvey sagt. Es hat lange gedauert, bis wir so weit gekommen sind, aber jetzt haben wir's begriffen.

Wir stehen da mit grauen Haaren und einem Armvoll Widersprüche: Die Generation, die der Heuchelei den Krieg erklärte, gehört mittlerweile zu den heuchlerischsten von allen; die Generation, die Gewehre durch Blumen ersetzen wollte, hat wesentlich öfter Blumen durch Gewehre ersetzt; und ein Blick auf die Uhr sagt uns, dass wir ungefähr noch zehn Minuten haben, um aus unserer Lethargie aufzuwachen und zu unserem alten Mut zurückzufinden.

Unser größtes Versäumnis liegt nicht im politischen Bereich, sondern vielmehr in unserer Vorstellungskraft. Wir müssen uns eine friedliche Welt vorstellen und uns von dieser Vorstellung aus Schritt für Schritt zurückarbeiten. Eine friedliche Welt kann es nur geben, wenn mehr Menschen dieser Welt genug zu essen, ein Dach über dem Kopf und Bildungschancen haben; wenn mehr Menschen dieser Welt die medizinische Versorgung bekommen, die sie brauchen; wenn mehr Frauen dieser Welt frei sind; wenn mehr Menschen dieser Welt Zugang zu mehr Möglichkeiten haben und wenn mehr Ressourcen dieser Welt gerecht verteilt werden. Dies alles wäre nicht nur eine nette Geste – es sind unabdingbare Voraussetzungen für das zukünftige Überleben der Menschheit. Ein Gedankenspiel: Die Vereinigten Staaten geben heute 600 Milliarden Dollar oder mehr pro Jahr für Militär und Verteidigung aus (die Kosten des Irakkriegs sind dabei nicht berücksichtigt). Gehen wir dreißig Jahre zurück: Was wäre gewesen, wenn wir den Großteil dieses Geldes für die oben erwähnten humanitären Zwecke ausgegeben hätten? Was wäre gewesen, wenn mehr Menschen auf der Welt das amerikanische Sternenbanner an Schulen, Straßen und Krankenhäusern in ihren Gemeinden gesehen hätten als an militärischen Einrichtungen? Wäre es dann ebenso einfach gewesen, so viel Hass gegen uns zu schüren? Hätte es dann vielleicht gar keinen 11. September gegeben?

Viele Angehörige des politischen Establishments mokieren sich über solche Fragen, aber kein Mensch, der bei klarem Verstand ist, lässt sich heute noch von derlei aufhalten. Die Leute, die unsere heutige Welt durch eine Brille betrachten, die den Gegebenheiten von vor sechzig Jahren eher angemessen wäre, sind nicht diejenigen, die uns in eine bessere Zukunft führen können. Nur mit einer neuen Vision dessen, wo wir hinwollen, werden wir eine Zukunft haben. Und es führt kein Weg dorthin, wenn wir unsere tiefverwurzelte Menschlichkeit vergessen. Wir müssen mehr tun, als nur einen Feind zu besiegen; wir müssen uns mehr Freunde schaffen. Oder, wie Martin Luther King sagte, die Welt zu einer »geliebten Gemeinschaft« machen.

Politik und Wirtschaft müssen unsere Spiritualität widerspiegeln, sonst ist alles nur Schein. Die Menschheit wird sich ändern; die Frage ist nur, ob wir uns deshalb ändern, weil wir weiser werden, oder ob wir so sehr darunter leiden, wenn wir uns nicht verändern, dass uns gar keine andere Wahl mehr bleibt. Eine Atombombe würde jedermanns Untergang bedeuten, jedermanns Geschäfte ruinieren. Es hat überhaupt nichts mit Cleverness zu tun, wenn wir was auch immer tun – beispielsweise im Finanzsektor –, ohne uns dabei über die Auswirkungen für andere Menschen Gedanken zu machen. Ein derartiges Denken sollte ab sofort nicht mehr akzeptiert werden. Es ist an der Zeit, die begrenzte Sichtweise der modernen Welt zu überwinden und eine bewusstere Weltsicht einzufordern.

Ralph Waldo Emerson soll, als er Henry David Thoreau im Gefängnis besuchte, wo dieser wegen seiner Proteste gegen den mexikanisch-amerikanischen Krieg einsaß, seinen Freund gefragt haben, was er denn dort tue, und Thoreau soll geantwortet haben: »Was tust du denn draußen?« Ebenso fühlt es sich heute an: Es ist, als würde man aus Leibeskräften »Foul!« schreien – und alle, die das nicht tun, müssen verrückt sein.

Wenn man älter wird, entwickelt man die Einstellung, dass man das, was man weiß, eben weiß, und wer auch immer nicht dieser Meinung ist, der hat nicht mehr die Macht, einem etwas anderes einzureden oder einem den Mund zu verbieten. Man braucht keine andere Begründung mehr für seine Meinung, als dass es eben die eigene Meinung ist. Sie mag richtig sein oder falsch, aber die Zeiten, in denen man lieber schweigt, sind vorbei. Wie Jesus im Evangelium nach Thomas sprach: »Was ihr in euch erzeugt, das wird euch, wenn ihr es habt, retten. Was ihr nicht in euch erzeugt, das wird euch – wenn ihr es nicht habt – umbringen.«

Einer der Wege, wie wir eine neue Welt erschaffen können, besteht darin, sie »herbeizureden«. Und Liebe ist kein schwaches Wort. Ein Wort, ein Gebet, ein Buch, ein Vortrag, ein Gespräch, ein Gedicht, ein Manuskript, ein Lied nach dem anderen ... Wir werden von Liebe sprechen, und unser Wort wird stärker sein.

»Meine Augen haben die Herrlichkeit des Nahens des Herrn gesehen/Er zerstampft die Weinlese, wo die Früchte des Zorns gelagert sind,/Er hat den verhängnisvollen Blitz seines schrecklichen, geschwinden Schwerts entfesselt:/Seine Wahrheit schreitet voran.«
Ich kann mich noch gut erinnern, wie Judy Garland diese Zeilen aus *The Battle Hymn of the Republic* nach der Ermordung Präsident Kennedys im Fernsehen sang. Ich war damals noch zu klein, um die ganze Tragweite des Geschehens zu erfassen, aber die Tränen meiner Eltern und Judy Garlands bewegender Auftritt ließen mich spüren, dass die Lage schlimm war und dass wir einen historischen Moment erlebten. Wie Judy Garland dieses Lied singt, ist mir seit über vierzig Jahren im Gedächtnis geblieben, als eine Art geistiger Schnappschuss. Und seine Botschaft ist noch immer eine meiner liebsten Bestätigungen dafür, dass, ganz gleich, was geschieht, ganz gleich, wie viel Unmenschlichkeit oder Ungerechtigkeit in der Welt ist, Gottes Wahrheit letztlich stärker sein wird.
Eine Freundin von mir sitzt seit ihrem siebzehnten Lebensjahr im Gefängnis; inzwischen ist sie vierunddreißig. Ihr Verbrechen bestand darin, dass sie bei einem Marihuana-Deal den Wagen fuhr und jemand dabei zu Tode kam. Irgendwann in der Nacht, nach mehr als

neun Stunden intensiven Verhörs durch die Polizei, entlockte man ihr das Geständnis, sie sei der führende Kopf des Drogengeschäfts gewesen. (»Sie brauchen nur hier zu unterschreiben, dann können Sie nach Hause zu Ihrer Mutter.«) Weder wurde sie über ihre Rechte aufgeklärt, noch war ein Anwalt anwesend. Und jetzt sitzt diese wunderbare Frau, die mit siebzehn Jahren nicht die geringste Ahnung hatte, wie sie mit Druck seitens der Polizei umgehen sollte, in einer Gefängniszelle ohne jede Aussicht auf eine Umwandlung der Strafe – was das Gerechtigkeitsempfinden eines jeden vernünftigen Menschen fordern würde. Sie hat einen Traum, und viele teilen diesen Traum: dass der Tag kommen wird, an dem sie aus der Hölle ihrer Gefängniszelle entlassen wird und den Rest ihrer Tage ein normales Leben in Freiheit leben kann.

Ich fragte diese Freundin einmal, was sie gerne machen würde, wenn sie aus dem Gefängnis entlassen wird. Sobald sie sich mit ihrer Familie getroffen habe, sagte ich, würde ich sie hinfahren, wo immer sie wolle. Ich dachte an ein Wellness-Hotel, an einen Strand, was auch immer.

Und ihre Antwort war ... übrigens: Sitzen Sie gut?

»Ich möchte in einen Drogeriemarkt«, sagte sie mit leuchtenden Augen. »Das wäre einfach wunderbar. Ich würde so gern eine Lippenstiftfarbe für mich aussuchen. Es soll dort ein großes Angebot geben, habe ich gehört. Hier drin gibt es nur eine einzige Farbe.«

Ihre Augen glänzten vor Hoffnung und die meinen vor Tränen.

Und wenn ich mal wieder das Gefühl habe, dass mein Leben nicht genau so läuft, wie ich es mir in dem einen oder anderen Punkt wünsche, dann denke ich an Toni. Solange man jeden Tag aufstehen und im Prinzip tun kann, was man will, und etwas unternehmen kann, um gutzumachen, was zuvor falsch gelaufen ist, dann ist man noch im Spiel. Manche Menschen haben in der Vergangenheit Fehler gemacht, die sie nicht einfach wiedergutmachen können, um von vorn anzufangen.

Um »die Weinlese zu zerstampfen, wo die Früchte des Zorns gelagert sind« – also den Hass auszulöschen – und »den verhängnisvollen Blitz seines schrecklichen, geschwinden Schwerts zu entfesseln« (Karma und Gerechtigkeit sind nettere Wörter, aber ich möchte Julia Word Howes Text nicht umschreiben), braucht Gott unsere Hilfe ebenso sehr, wie wir die seine brauchen. Später heißt es in dem Liedtext von Howe: »Wie er starb, Menschen heilig zu machen, lasst uns sterben, Menschen zu befreien.« Wenn es nur so wäre.

Wir müssen uns in Gottes Hand begeben, damit er uns für seine Pläne einsetzen kann. Und damit wir für ihn von Nutzen sind, müssen wir die Werkzeuge sein, durch die er wirken kann. Deshalb tun wir, was wir tun – nicht nur für uns selbst, sondern für Toni und Millionen Menschen wie sie, an deren Stelle wir leicht selbst sein könnten, wie wir in unserem tiefsten Inneren sehr wohl wissen.

Und am Ende unseres langen Weges – nach all den Jahren des Sehnens und Mühens, der Erfolge und Enttäuschungen – werden wir unseren Körper verlassen. Wir alle hoffen auf den Tunnel aus Licht, den jenseitigen Frieden, von dem wir gelesen haben, und das beglückende Gefühl, dass dieses Erdenleben letztlich doch nicht so schlecht war.

Man nennt den Tod manchmal auch »das nächste Abenteuer«, und je älter wir werden, desto zutreffender klingt es. Wie C. G. Jung sagte: »[…] das Sträuben dagegen [gegen den Tod] [ist] etwas Ungesundes und Abnormes …, denn es beraubt die zweite Lebenshälfte ihres Zieles.« Das heißt nicht unbedingt, dass man sich auf den Tod freuen muss. Doch man muss ihn akzeptieren im Vertrauen darauf, dass außerhalb von Gottes Liebe, Gottes Vollkommenheit oder Gottes Plan nichts existiert. Wenn er will, dass wir von hier fortgehen, dann erklärtermaßen in ein größeres Licht.

Mir persönlich macht der Gedanke am meisten Kummer, dass ich, wenn ich sterbe, die Menschen zurücklassen muss, die ich liebe. Aber dann denke ich an geliebte Menschen, die schon gestorben sind und die ich wiedersehen werde. Und ich denke an diejenigen, die ich zwar zurücklassen werde, die mir aber eines Tages folgen und zu mir auf die andere Seite kommen werden. Das kleinste Kind, selbst wenn es mit dem längsten Leben gesegnet ist, wird eines Tages sterben. Ob unser Zug also schneller oder langsamer fährt, wir sind alle zum selben Bestimmungsort unterwegs. Und der einzige Bestimmungsort in Gottes Universum ist Liebe.

Es macht das Leben nicht weniger bedeutungsvoll zu wissen, dass wir sterben werden, im Gegenteil. Die Erkenntnis unserer Vergänglichkeit schafft eine gewisse Dringlichkeit, mit seinem Leben weise umzugehen, es in vollem Umfang wertzuschätzen, es mehr zu lieben, solange wir noch hier sind und es noch können. Der Jugend haftet ein magisches Denken an: Die meisten jungen Menschen glauben insgeheim, sie, gerade sie, würden dem Tod ein Schnippchen schlagen. (»Mir kann der Tod doch nichts anhaben!«) Und diese falsche Wahrnehmung, dass das Leben ewig fortdauert, ist begleitet von einer leichtfertigen Missachtung der Tatsache, wie ernst das Leben ist. Als ich jung war, habe ich nur die Dinge ernst genommen, die absolut unwichtig waren. Erst viel später habe ich begriffen, wie wichtig, wie absolut bedeutsam die schlichte Existenz des Lebens an sich ist.

In jungen Jahren kommt man gar nicht auf die Idee, dass ein Telefonat mit einer Freundin auch das letzte sein könnte, nicht bloß eines von vielen, vielen weiteren Gesprächen mit ihr. Sobald man wirklich begriffen hat, dass jede Erfahrung in der materiellen Welt endlich ist, erkennt man, wie erstaunlich es ist, dass man einfach jemanden anrufen kann. Wie meine Freundin Sarah oft sagt: »Eh man sich's versieht ...« Wie wahr!

Wir nehmen über Gebühr Dinge in Anspruch, von denen wir gar nicht ahnen, wie flüchtig sie sind. In jungen Jahren wissen wir allenfalls verstandesmäßig, dass wir nicht auf ewig diese Energie und dieses gewisse Leuchten haben werden. Wirklich glauben tun wir es dennoch nicht. Wenn das Alter uns zwingt, zur Kenntnis zu nehmen, wie viel wir davon schon eingebüßt haben, schockiert und kränkt uns die Erkenntnis, wie vieles vorbei ist und nie mehr wiederkommen wird.

Doch sobald der Schock nachlässt, geschieht etwas ... etwas ganz Subtiles und dennoch Großes, das der gängigen Denkweise widerspricht. Wenn wir früher im Restaurant oder Theater älteren Menschen begegnet sind, haben wir sie immer mit einem gewissen Mitleid betrachtet. Was wir nicht wussten – wie sollten wir auch? –, war, dass viele dieser Männer und Frauen ihrerseits uns bemitleideten, uns, die wir noch nicht begriffen hatten, worum es im Leben wirklich geht. Sie hatten vielleicht viel mehr Spaß, als wir dachten. Sie sahen vielleicht, was wir noch nicht sahen. Und jetzt haben wir den Raum, der früher ihnen vorbehalten war, auch betreten. Und er ist gar nicht so, wie wir erwartet hatten. Er ist genau so, wie immer wir ihn haben wollen.

Lieber Gott,
mache mich mit den Jahren
immer mehr zu dem Menschen, als den du mich
    haben willst,
damit ich die wahren Freuden des Lebens
    kennenlerne,
ehe das Ende meiner Tage kommt.
Amen

In meiner Radiosendung habe ich einmal ein Gespräch mit einer Frau geführt, die seit zwanzig Jahren an Lupus litt. Sie war viele Jahre mit einem Mann verheiratet, der ihr an Heiligabend, als sie gerade die Geschenke für ihre kleinen Kinder einpackte, eröffnete, dass er sich scheiden lassen wollte. Eines ihrer Kinder verlor sie durch einen schrecklichen Unfall. Ihr zweiter Ehemann ist Alkoholiker. Dass diese Frau trotz allem jeden Morgen aufsteht und sich jedem neuen Tag stellt, bewundere ich zutiefst. Mich hätte schon einer der genannten Umstände für Jahre aus der Bahn geworfen.
Ich weiß nicht, was es ist, das uns immer wieder weiter-

machen lässt. Wenn ich daran denke, was die Menschen alles erdulden – von Auschwitz bis Ruanda, vom Irak bis zu den vielen Menschen in Amerika, die tagtäglich ums Überleben kämpfen müssen –, dann ertrage ich es kaum. Manchmal meine ich, dass in den Ozeanen tatsächlich die Tränen der gesamten Menschheit gesammelt sind. Natürlich haben wir Menschen eine gewisse Zähigkeit in uns, einen tiefverwurzelten Lebenswillen. Ich glaube nicht, dass wir uns nur aus Angst vor dem Tod ans Leben klammern. Ich glaube, wir halten am Leben fest aus einem tieferen Wissen heraus, dass es irgendetwas gibt, das noch eintreten muss. Wie die Lachse, die flussaufwärts zu ihren Laichgründen wandern, wissen auch wir instinktiv, dass wir hier sind, um das Leben weiterzutragen. Dass wir das Leben sind. Und als solches sind wir Teil eines größeren Schauspiels – viel größer, als wir Menschen jemals begreifen, geschweige denn beschreiben könnten.

In der Schlusssequenz von Stanley Kubricks filmischem Meisterwerk *2001: Odyssee im Weltraum* sieht man einen Fötus zwischen Mond und Erde schweben. Und das ist sicherlich das Ziel: die Geburt einer neuen Menschheit. Doch wenn dieses Kind geboren werden soll, braucht es auch Eltern, die es versorgen – das heißt, Sie und mich. Gezeugt in unserem Geist und unserer Seele, will es genährt sein durch unser mitfühlendes Handeln. Und dieses neue, wunderbare Wesen reift in uns allen heran. Die Kriege und Kriegsgerüchte reißen nicht ab, das stimmt. Aber die Menschen verlieben sich weiterhin. Sie bemühen sich weiterhin, ihre Fehler wiedergutzumachen. Sie vergeben und erlangen Vergebung. Und sie hoffen und beten weiterhin. Gerade dann, wenn

der Tod allgegenwärtig zu sein scheint, sollten wir uns für das Leben einsetzen. Und genau das tun wir.
Ich glaube an einen mitfühlenden Gott, dem eine momenthafte Einsicht, ein kurzes Gebet, der aufrichtige und demütige Wunsch, in Liebe richtig zu handeln, genügen, um dem unverantwortlichen Drama einer rücksichtslosen Menschheit Einhalt zu gebieten. Wenn wir weder zurück noch nach vorne schauen, sondern tief in uns hinein, dann sehen wir ein Licht, das größer ist als die Dunkelheit in der Welt, eine Hoffnung, die das Verständnis der Welt übersteigt, und eine Liebe, die größer ist als aller Hass der Welt.

Diesem Licht, das wir sehen, sollen wir folgen, den ganzen Geburtskanal hindurch bis zur Wiedergeburt der Menschheit. Die Wehen mögen lang und heftig sein, aber wir werden auch zu etwas Großem, Kostbarem geboren – zu unserem wahren Selbst. Und wir werden uns nie wieder mit weniger zufriedengeben, als wir wirklich sind.

Lieber Gott,
möge Liebe vorherrschen.
Amen

Dank

Auf dem Buchtitel steht in der Regel nur ein einzelner Name, aber fast jedes Buch ist in irgendeiner Weise die Frucht gemeinsamen Bemühens. Und das gilt ganz besonders für dieses Buch.
Deshalb ein großes Dankeschön an:
Maya Labos, die das Projekt in Gang und mich letztlich zu Hay House gebracht hat. Auch wenn es keine Heimkehr im wörtlichen Sinne war, war es doch eine Art Nach-Hause-Kommen.
Reid Tracy, der mir ein Zuhause geboten hat;
Louise Hay, die mit achtzig noch immer so großartig und aktiv ist;
Shannon Littrell, die mir so großzügig und einfühlsam bei meinem Manuskript geholfen hat;
Jill Kramer, Amy Rose Grigoriou, Courtney Pavone, Jacqui Clark, Margarete Nielsen und Jeannie Liberati bei Hay House für ihre Kompetenz und Freundlichkeit;
Wendy Carlton, deren wunderbare, wiewohl strenge Redaktion ebenso lehrreich wie inspirierend für mich war;
Andrew Harvey und Andrea Cagan, meine »literarischen Geburtshelfer«, die mich auf den richtigen Weg gebracht und mir das Gefühl gegeben haben, dass ich dort hingehöre, und die darauf beharrt haben, dass ich dabei bleiben soll;

Tammy Vogsland, die dafür sorgte, dass ich beim Schreiben den Boden unter den Füßen nicht verlor;

Wendy Zahler für ihre große Unterstützung und ihre ausgezeichneten Gemüsegerichte;

Richard Cooper, Diane Simon, Alana Stewart, Alyse Martinelli, Carolyn Samuell, Matthew Allbracht, Stacie Maier, David Kessler, David Perozzi, Victoria Pearman, Suzannah Galland, Lila Cherri und Gina Otto für ihre Freundschaft und Mary Ann Check für die Annehmlichkeiten zu Hause. Beides ist immer wieder tröstlich für mich.

Meine Mutter – für alles. Und Ella Gregoire für eine ganz besondere Wohltat;

Oprah Winfrey für die unendlich vielen Chancen, die sie der ganzen Welt und meiner Seele eröffnet;

Wayne Dyer für die Wärme, von der ich mich umfangen fühle, selbst wenn er nicht in der Nähe ist;

Bob Barnett für seinen weisen Rat;

India für ihre erstklassige redaktionelle Mitarbeit und tausend andere Dinge;

die vielen Menschen in aller Welt, die meine Arbeit unterstützen und mir so freundlich begegnen; ihnen bin ich dankbarer, als sie sich je vorstellen können;

und natürlich noch ein paar andere – sie wissen, dass sie gemeint sind …